Georg Ebers

Aegyptiaca Festschrift für Georg Ebers zum 1. März 1897

Georg Ebers

Aegyptiaca Festschrift für Georg Ebers zum 1. März 1897

ISBN/EAN: 9783743435063

Hergestellt in Europa, USA, Kanada, Australien, Japan

Cover: Foto ©ninafisch / pixelio.de

Manufactured and distributed by brebook publishing software (www.brebook.com)

Georg Ebers

Aegyptiaca Festschrift für Georg Ebers zum 1. März 1897

AEGYPTIACA

FESTSCHRIFT

FÜR

GEORG EBERS

ZUM 1. MÄRZ 1897

MIT 1 TAFEL IN LICHTDRUCK UND 9 FIGUREN IM TEXT

LEIPZIG
VERLAG VON WILHELM ENGELMANN
1897.

Zueignung.

Wenn wir Ihnen heute diese Festschrift überreichen, so meinen wir nicht, Ihnen damit ein Denkmal in unserer Wissenschaft zu errichten, denn eines solchen bedarf Ihr Name in der Ägyptologie nicht mehr. Sie haben es sich selbst errichtet, als Sie einst jenen schönsten aller Papyrus für die Wissenschaft retteten und in einer Ausgabe zugänglich machten, die mustergültig und vorbildlich geworden ist. Sie haben damit der ägyptischen Philologie und der Geschichte der Medizin den grössten Dienst erwiesen und so lange man diese Wissenschaften pflegen wird, wird auch der „Ebers“ Ihren Namen in dankbarer Erinnerung erhalten.

Und auch ausserhalb der engeren Facharbeit, haben Sie sich Verdienste um das alte Ägypten erworben, wie wenige andere. Ihnen, dem dichterischen Sonntagskinde, ist es ja gegeben, da, wo andere Augen nur einzelnes Trümmerwerk erblicken, all die zerstörte Herrlichkeit vergangener Jahrtausende wieder lebendig zu schauen. Und was Sie so geschaut haben, das haben Sie als Poët auch anderen vorzuführen gewusst und haben damit der überraschten Welt gezeigt, was alles in unserer Wissenschaft an frischem Leben ältester Zeit zu erwecken ist.

Manches Jahr ist vergangen, seit schweres Leiden Sie gezwungen hat, Ihrer Lehrthätigkeit zu entsagen und Ihre eigene wissenschaftliche Arbeit einzuschränken. Und doch stehen Sie als ein Führer in unserer Reihe, denn Sie haben sich die glückliche Gabe zu bewahren gewusst, jedem Fortschritt gerecht zu werden, stets bereit Überlebtes aufzugeben und Neuem die Bahnen zu ebnen.

Ein sechzigster Geburtstag ist kein Jubiläum, das officiell gefeiert wird, aber es ist ein Tag, an dem die Angehörigen dankbar alles Guten gedenken, das ihnen das Wirken ihres Hauptes gebracht hat. Und so kommen denn heute auch wir, die wir, wie die Kopten sagen würden, Ihre geistigen Söhne und Enkel sind, um Ihnen mit unserer Gabe unseren Dank und unsere Verehrung zu bezeugen. Möchten die Götter des Nilthales, die Sie in Deutschland heimisch gemacht haben, Ihnen das alles gewähren, was sie ihren Lieblingen zu geben verheissen:

„Leben, Heil und Gesundheit, ein langes Leben voll Freude und ein schönes Alter voll Würde.“

J. H. Bondi. L. Borchardt. Ad. Erman. F. Hommel.
F. Krebs. O. v. Lemm. A. Lincke. Ed. Meyer. W. M. Müller.
R. Pietschmann. K. Reinhardt. H. Schäfer. C. Schmidt. K. Sethe.
W. Spiegelberg. G. Steindorff. U. Wilcken.

Inhaltsverzeichnis.

Gegenseitige Kultureinflüsse der Ägypter und Semiten.

Von

J. H. Bondi.

Die zahlreichen Annahmen über die Bedeutung des alttestamentlichen תַּחַשׁ (Exod. 25, 5 u. sonst) scheiden sich bekanntlich in zwei Hauptgruppen. Zu ihrer Charakteristik führe ich im folgenden einige hervorragende und beherrschende ihrer Vertreter auf und verweise im übrigen auf die vorhandenen Zusammenstellungen (Bochart, Hierozoicon. Frankfurt a. M. 1675. I. S. 985—992; Gesenius, Thesaurus s. v.; Lewysohn, Zoologie des Talmuds. Frankfurt a. M. 1858. S. 152f., S. 95f. und S. 370; siehe auch Dillmann, Exegetisches Handbuch zu Exodus 25, 5, 1880. S. 276—277; Riehm, Handwörterbuch. 1884. s. Leder und s. Tachasch; Nowack, Hebr. Archäologie. 1894. II. S. 58).

So sehen die LXX (δέρματα ὑακίνθινα), der Syrer (ܣܣܓܘܢܐ = *color caeruleus, vel forte coccineus.* PSm., Thes. syriac. s. v.) und das Targum (ססגונא) eine Farbbezeichnung darin. Auch im Talmud findet sich diese Anschauung mehrfach vertreten (Sabb. 28a; J. Sabb. 4d unten [ed. Krotoschin]; s. auch Kohel. r., s. מה שהיה). In der Bestimmung der Farbe selbst herrscht keine durchgehende Einheitlichkeit.

Dass תחש ein Tier sei, ist zunächst eine ebenfalls im Talmud geäusserte Ansicht (Tradition nach R. Meïr [Mitte des 2. Jahrh. n. Chr.]: ein eigens für den Zweck der Stiftshütte erschaffenes und dann verschwundenes einhörniges Tier, dessen nähere Bestimmung in Schwebe bleibt; Sabb. und J. Sabb., l. c., siehe auch Kohel. r., l. c. und Tanchuma ed. Buber zu Exod. 25, 1 ff.). Raschi verbindet zu Exod. 25, 5 beide Auslegungen und erklärt zu Ezech. 16, 10 תחש mit „*taisson*". Mit Dachs übersetzt es dann auch Luther (s. Gesenius l. c.).

Während Bochart, l. c., für die Gleichung תחש = *color hysginus aut hyacinthus* eintritt, entscheidet sich Gesenius, l. c., in längerer

Darlegung dafür, in תחש ein Tier zu sehen, mit besonderem Hinblick auf das zur Vergleichung herangezogene ar. دُخَسٌ und تُخَسٌ *delphinus*. Dem hat man sich denn auch im wesentlichen angeschlossen und übersetzt „Seehund“ (Gesenius, Handwörterbuch, 10. u. 11. Aufl.) oder aber — jetzt wohl ganz allgemein — „Seekuh“ (s. Schenkel, Bibellexikon s. Dachs; Dillmann, l. c. und zu Numeri cap. 4. 1886. S. 22; Nowack, l. c.; Kautzsch, Die heilige Schrift des AT. 1894).

Zuletzt hat Friedr. Delitzsch ein ass. *taḫšu* herangezogen (Prolegomena eines neuen hebräisch-aramäischen Wörterbuchs zum AT. Leipzig 1886. S. 77 ff.), das in der Verbindung *êlippê mašak taḫšê* „Schiffe aus Tachasch-Haut“ auftritt. Delitzsch setzt für dieses Wort die Bedeutung Hammel an. Nöldeke (ZDMG 40, 732) bemerkt dazu: „ob freilich תחש der Hammel ist, steht noch nicht fest“ (vgl. Dillmann, l. c., zu Num. 4, 6; Gesenius, Handwörterbuch, 12. Aufl.; s. auch Schrader, Keilinschriften u. Geschichtsforschung. Giessen. 1878. S. 216).

Diese mannigfachen Deutungen, die תחש von jeher erfahren hat, beweisen, dass die Tradition über den Sinn des Wortes schon frühzeitig abgerissen war. Es lässt sich aber auch leicht erkennen, wieso man zu der die beiden Gruppen leitenden Auffassung „Farbe“ oder „Tier“ gelangt ist. Fassen wir den Context ins Auge, in dem תחש auftritt. Mit Ausnahme der einzigen Stelle in Ezechiel erscheint das Wort fünfmal in Exodus und siebenmal in Numeri in Beziehung zu der Stiftshütte und ihren Gerätschaften. In Exodus wird es erwähnt 1) als Material für die Bedachung der Stiftshütte: מכסה לאהל ערת אילם מאדמים ומכסה ערת תחשים מלמעלה (26, 14 u. 36, 19); ואת מכסה עורת האילם המאדמים ואת מכסה ערת התחשים (39, 34); 2) in der Aufzählung der Beiträge für die Stiftshütte: וערת אילם מאדמים וערת תחשים (25, 5 u. 35, 23). In Numeri erscheint es mit Ausnahme einer Stelle als Material für die Transportdecken der Gerätschaften der Stiftshütte. Über die mit dem Vorhang bedeckte Gesetzeslade war zu geben כסוי עור תחש ופרשו בגד כליל תכלת מלמעלה (4, 6). Über den mit בגד תכלת überbreiteten Tisch und die darauf gelegten Geräte war zu breiten בגד תולעת שני וכסו אתו במכסה עור תחש (4, 8). Der Leuchter und sein Zubehör war zu umhüllen mit בגד תכלת und das Ganze zu geben אל מכסה עור תחש (4, 10). Ebenso war über den goldenen Altar zu breiten בגד תכלת וכסו אתו במכסה עור תחש (4, 11). Die Dienstgeräte sollten gegeben werden אל בגד תכלת וכסו אתם במכסה עור תחש (4, 12). Über den mit בגד ארגמן überbreiteten und mit seinen Gerätschaften bedeckten Altar soll gebreitet werden כסוי עור תחש (4, 14). Endlich tritt תחש hier mit derselben Bedeutung auf, die es in Exodus hat:

„Sie sollen tragen ..... die Stiftshütte, ihre Decke ומכסה התחש אשר עליו מלמעלה“ (4, 25).

Es springt nun sofort ins Auge, dass, neben der Verbindung unseres Wortes mit עור, der Parallelismus von תחשים zu אילם in Exodus die Handhabe dafür bot, in תחש ein Tier zu sehen. Andererseits gab der Parallelismus in Numeri, wo als untere bezw. obere Decke neben עור תחש ein בגד תכלת oder ב׳ תולעת שני oder ב׳ ארגמן dient, der Verlegenheit willkommenen Anlass, unter תחש eine Farbe zu begreifen, worin die hier gebrauchte Singularform des Wortes (in Exodus immer Plural) noch bestärken durfte. Die Etymologien nun, die man mit mehr oder weniger Anspruch auf Beifall, und zwar nur für die Gleichsetzung תחש = ein Tier, beizubringen vermochte, brauchen hier auf ihren Wert und ihre Wahrscheinlichkeit nicht erst geprüft zu werden. Ich möchte im folgenden einen Nachweis für die Bedeutung des Wortes liefern, der, wie mir scheint, genügend für sich selbst spricht, sodass man ihn anderen Vermutungen wohl vorzuziehen geneigt sein dürfte. Ich sehe in תחש eine Entlehnung aus dem Ägyptischen.

Eine Reihe ägyptischer Abbildungen zeigt uns rechts einen Lederarbeiter (A), der mit dem Recken des Leders beschäftigt ist, links davon den Käufer des Leders (B), weiter nach links einen, der das Leder bearbeitet, oder den Schuster, der es zu Sohlen oder Riemen zuschneidet (C). Die zugehörigen Legenden sind (LD II, 49b): Zwischen A und B: 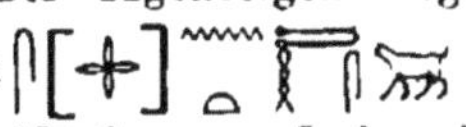 „(Was ist) der Preis[1] des Leders?“ (sagt der Käufer zum Lederarbeiter). Zwischen B und C:  „Schneiden[3] der Sandale“.

Benihassan II, 4 (Publikation des Egyptian Exploration Fund): Links über A:  „Leder“. Über C: 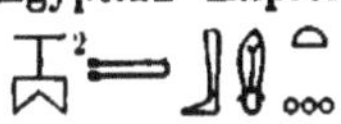 „Schneiden[3] der Sandalen“ (=Ros. 64, 5).

Grab des *Tị* (Recken des Leders; Gipsabguss in Berlin; Brugsch, Gräberwelt 128): Links von A: 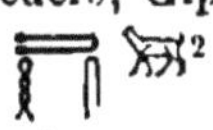 u. s. w.  „Leder ....“.

Champ. Monum. 182: Über A u. a. ein grosses Lederstück und zwei zugeschnittene Sandalen. Über B:  „Leder. Schuster“;[3]

[1] Die Ergänzung im Texte und ihre Erklärung danke ich der Güte Herrn Prof. Ermans.

[2] Das Zeichen im Text ist etwas anders.

[3] Herr Prof. Erman brieflich.

die Gruppe unter dem ausgestreckten Arm von B, der mit der Hand zwei sandalenförmige Stücke hinreicht, bietet Schwierigkeiten (= Ros. 64, 4).

Die Abbildungen und die Legenden lassen keinen Zweifel darüber. dass das mit dem ganzen Tierfell determinierte *ṯḥś* „Leder" bedeutet und zu Schuhen verarbeitet wird. Es kann das altägyptische Wort ganz wohl zu dem koptischen Verb ⲟⲱϩⲥ : ⲧⲱϩⲥ „salben" Bezug haben (vgl. Brugsch, Wörterbuch IV 1591, auch VII 1350), irgend eine der Stammbedeutung des Verbs entsprechende Manipulation bei der Fellbearbeitung mag dem Leder seinen Namen gegeben haben.

Ziehen wir nun vor allem Ezech. 16, 10 heran: ואנעלך תחש „Ich zog Dir Schuhe aus 'ת an", so ist es evident, dass hier תחש = *ṯḥś* ist, und Schuhe aus ägyptischem Leder gemeint sind. *ṯḥś* ist aber natürlich nicht bloss Schuhleder, sondern Leder überhaupt, wie schon das Determinativ zeigt. Es ist also auch unter תחש in Exodus und Numeri ägyptisches Leder zu verstehen, das zur Bedachung und Verpackung benutzt wurde. Dass תחש eine Ledersorte sei, scheint übrigens bereits die dem Artikel „Leder" bei Schenkel, Bibellexikon, zu Grunde liegende Meinung zu sein. In der Verbindung עור תחש und ערת תחשים kann sich עור zu תחש wie genus zu species oder wie Ding zu Stoff verhalten, mag die Beziehung ein Appositions- oder ein Genetivverhältnis sein. Lautlich ist תחש die genaue Transscription von *ṯḥś* (vgl. ZDMG 46, S. 95 und 709 ff.). Das von Delitzsch aufgestellte ass. *taḫšu* scheidet sich jedenfalls durch sein scharfes *ḫ* von *ṯḥś*.

Die Verarbeitung der Felle zu Leder ist für alle Epochen des alten Ägyptens belegt (s. die Citate und Erman, Ägypten S. 597 f.), und es ist bekannt, zu welch hoher Kunstfertigkeit man es dort brachte (vgl. z. B. Wilkinson, Manners and Customs, London 1847, III, S. 155 ff., Erman, l. c., Blümner, Gewerbe und Künste, I, 2, 285 f., s. auch Frauberger, Fussbekleidungen. Düsseldorf. 1896). Man hat früher schon die Vermutung ausgesprochen, dass die Israeliten in der Lederbearbeitung wohl von den Ägyptern gelernt haben mochten (z. B. Wilkinson, l. c., S. 156, Schenkel, Bibellexikon, s. Leder). So reiht sich nun תחש als neues Glied an die schon sonst nachgewiesenen ägyptischen Lehnwörter im alttestamentlichen Wortschatz, die als dauernde Zeugen die bekannte intime Beziehung der israelitischen zur altägyptischen Kultur nachdrücklich erhärten.

Im Hinblick auf diese Entlehnung ist es nun sehr bemerkenswert, dass die Ägypter ihrerseits ein Wort für Fell und Leder aus dem Semitischen entlehnt haben. Mit Ausnahme des Hebräischen und

Äthiopischen besitzen alle semitischen Sprachen ein von √משך gebildetes Substantiv mit der Bedeutung „Haut, Fell", dann auch (jedenfalls in einzelnen, ich weiss nicht ob in allen Dialekten) „Leder": ar. مَسْكٌ, syr. ܡܫܟܐ, aram. משכא, ass. *mašku* (ZA 3, 54 nach Gesenius. Hdwb., 12. Aufl.). Dieses Wort liegt fraglos dem in den folgenden bekannten Stellen für „Leder" gebrauchten Ausdruck zu Grunde: Sallier 2, 8. 2:  (= Anast. 7, 3, 5. V. ) „was er [der Schuster] beisst, ist (nur) Leder" (siehe Maspero, Genre épistolaire, S. 62; Erman, l. c., II. S. 599). Pap. Ebers 79, 7: 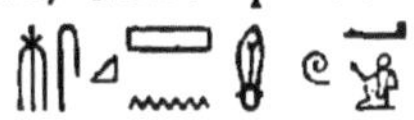 (in einem Recept): „Schusterleder".

In anderen Stellen bedeutet das Wort „Tierhaut, Fell". Ich citiere sie nach Brugsch, Wörterbuch, da mir die betreffenden Texte nicht zugänglich sind.

Dümichen, Temp. J., I. 36/24:  (vom Hippopotamos. Brugsch, l. c., II. 710).

Mar. Dend., IV, 82:  (von der mit einem Pantherfell bekleideten Göttin gesagt. Brugsch, l. c., VI, 643).

Pap. Bulaq Nr. 3, pl. 13: 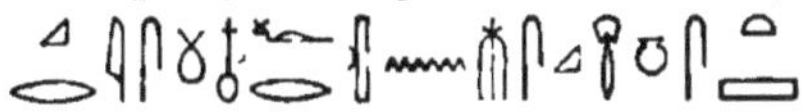 (Brugsch ibid.).

Die Bedeutung lässt es schwerlich zu, diese Wörter von einander zu trennen, obgleich die Formen in Sallier und Anastasi durch ihr  von den anderen, mit  geschriebenen, sich unterscheiden. Es wäre nun bloss die Frage, welche Schreibung vorzuziehen sei. Als ausschlaggebend darf da nun wohl die Orthographie des Wortes in den Pyramidentexten gelten, wo es bereits und zwar mit  geschrieben als 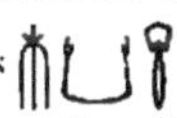 (Pepi II. 976) auftritt, was also zu Sallier und Anastasi stimmt. Für das Vorhandensein semitischer Lehnwörter in den Pyramidentexten zeugt bereits  (Teti 57) = קמח, dessen Orthographie in späteren Texten unsicher geworden; es wird da bekanntlich mit 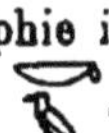 = כ geschrieben (vgl. Anastasi, I, 17, 6 und IV, 17, 6). Den Wechsel von 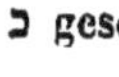 und  in Fremdwörtern zeigt auch die schwankende Schreibung von Karkemisch (vgl. Müller, Asien und Europa. S. 95). Da nun, wie schon gesagt, die Bedeutung von *mśk* und *mśḳ* sich völlig deckt, ersteres gut belegt ist, und ein späteres Eindringen von *ḳ* sich durch verschiedene Ursachen erklären liesse, so wird man wohl mit

Recht das Prototyp von  bei Teti und  bei Anastasi (und ebenso den Formen mit △) in einem Substantiv *משך sehen und das ägyptische Wort als Entlehnung aus dem Semitischen ansprechen. Entsprechend den Erfahrungen, die bisher mit den semitischen Lehnwörtern gemacht wurden (vgl. Müller, l. c., S. 86), dürfte die Quelle auch dieser Entlehnung das Kanaanäische sein. Das Hebräische weist allerdings das Substantiv nicht mehr auf, wohl aber das Verb משך. Jenes ist durch עור ersetzt.

Die Form des Wortes bei Sallier  ist *אמשך zu transscribieren, also mit prosthet. א. Damit dürfte ein leichter Vokalanstoss angedeutet sein, etwa *ᵉmšk*. Nach Analogie des Koptischen (vgl. ϭⲛⲟⲩⲧ, s. Steindorff, Kopt. Grammatik, § 19) wäre hier der Vokal nach dem zweiten Stammbuchstaben zu lesen. Das erlaubt natürlich keinen Rückschluss auf die Vokalstellung im semitischen Prototyp, da die Beobachtung lehrt, dass bei Entlehnungen ins Ägyptische der Vokal häufig umspringt.

In Rücksicht auf diese Schreibung des Wortes erfordert noch ein anderes Lehnwort kurze Betrachtung, das ganz die gleiche Gestalt aufweist. Anast. 4, 15, 8 erscheint unter einer Reihe von Fischen in einem Text, der auch sonst semitische Lehnwörter enthält (z. B. das bekannte *nḥr* ibid. 7 = נחל „Bach", zu dessen scharfem *ḥ* das assyr. *naḫlu* gut stimmt), 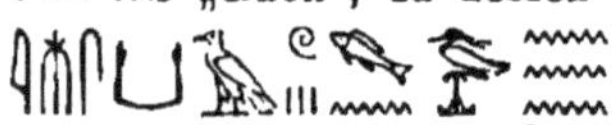. Es liegt nahe, auch dieses Wort *אמשך zu transscribieren (das  liesse ja noch andere Möglichkeiten zu). Dass man einen Nilfisch im n. R. nach dem Idiom in Ägypten sesshafter semitischer Fischer benannte, ist an sich nicht ausgeschlossen (vgl. Num. 11, 5; s. auch Jes. 19, 8). Einen Fisch dieses Namens weist aber das Semitische nicht auf. Man möchte bei seiner Bestimmung an eine Beziehung zu משכא „Haut" (auch „Leder") denken. Eine Parallele dazu (sachlich suche ich, wie ich ausdrücklich hervorhebe, hier nicht zu identificieren) scheint das Aramäische durch einen Fisch גלדנא (גילדנא) zu bieten. Nach BB. ist der bei den [illegible] heimische [illegible] = [illegible] i. e. μαίνις, μαίνη, *maena*[1] (PSm. s. v. = Duval 1023; μαίνη bei Passow „ein kleiner Meerfisch, der wie der Hering eingesalzen ward"). Nach dem Talmud ist גלדנא ein geringer Fisch (Kerith. 6a, Hor. 12a), von dem zwei Arten erwähnt werden, eine in

[1] Vgl. Cuvier, Histoire naturelle des poissons. Paris 1830. S. 381 ff.; Ritter, Erdkunde. IX. und X. Teil (Westasien), S. 997 bezw. S. 302.

schilfbestandenen Teichen (Berach. 44b, Kethub. 105b), eine im Meere mit zwei Flossfedern (B. b. 73b). Er wurde eingesalzen (Tamid 32b), und Ben Sira sagte von ihm: לא תשלח נילדנא מאוני דלא ליזול משכיה להבלא אלא צליתיה באש ואכול ביה תרי גריצן „Ziehe die Haut des Fisches G. nicht von den Kiefern an ab, damit sie nicht verderbe, sondern brate ihn (im Ganzen) und verspeise ihn mit 2 Kuchen" (Sanh. 100b; nach Levy, Neuhebr. Wörterbuch I, 331 auf Grund von Aruch ed. pr.). In der naheliegenden Annahme, נלדנא auf נלד „Haut" (ܓܠܕܐ, جِلْد, auch „Leder") zurückzuführen, wird man durch letzteren Ausspruch nun besonders bestärkt.

In der Stelle vom Schuster, der nur *אמשק „Leder" zu beissen hat, möchte man geneigt sein, ein auf den gleichnamigen Fisch Bezug nehmendes witzelndes Wortspiel des alten Schreibers zu sehen.

Ein Rechnungsbuch des königlichen Hofes aus dem alten Reiche.

Von

Ludwig Borchardt.

Das Gizeh-Museum bewahrt unter seinen Papyrusschätzen ausser der seit langer Zeit bekannten, grossen und wertvollen Handschrift, welche das Rechnungsbuch aus der Zeit der Sebekḥotep-Könige[1] enthält, auch noch ein in neuerer Zeit erworbenes Pendant dazu aus dem alten Reiche. Dieses kann sich zwar, was Erhaltung und Umfang anlangt, keineswegs mit jenem vergleichen, ist jedoch in historischer wie paläographischer Hinsicht von so grosser Bedeutung, dass auch eine nur kurze Analyse des wohl schon manchem Fachgenossen wenigstens vom Hörensagen bekannten Dokumentes unserer Wissenschaft von einigem Nutzen sein dürfte.

Über die Herkunft der Rechnungsfragmente, die vorläufig noch keine Sammlungsnummer erhalten haben, lässt sich nichts weiter ermitteln, als dass sie 1893 gekauft wurden und aus der memphitischen Nekropole kommen sollen.

Da die Versuche, aus den eingelieferten Fetzen einigermassen zusammenhängende Stücke zusammenzusetzen, nennenswerte Resultate

[1] S. ÄZ 1890, S. 65—103; 1891, S. 102—116. Die bisher nur angenommene Datierung (ÄZ 1890, S. 102 und 1891, S. 104) bestätigt sich nach Einsicht des Originals. Der Königsname, welcher auf der Taf. 31—32 der Publikation (im Original Blatt 17—16 Rückseite) vorkommt, ist klar zu lesen ... 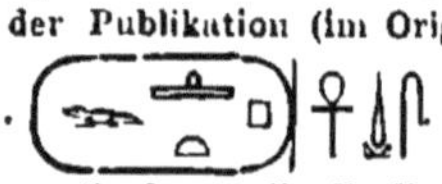 Es scheint von einem nach ihm benannten Palaste an der betreffenden Stelle die Rede zu sein. Der Name des Prinzen (Taf. 17=Bl. 4 Vorderseite) ist 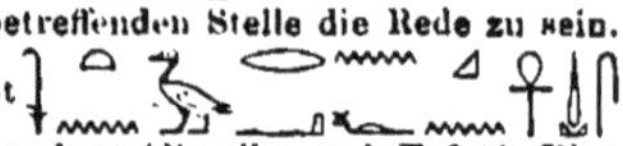 „Der Königssohn *Rdi-nf-ḳnt*". Diese seltene Namensform (dieselbe auch Taf. 46=Bl. 1 Rückseite) erklärt sich etwa so: „Er (d. h. Sbk oder irgend ein anderer Gott) macht, dass ich stark bin", vgl. 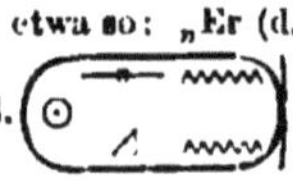 *S-ḳn-n-Rc.*

nicht ergaben, so blieb vorläufig nichts weiter übrig, als die einzelnen Fragmente und Fragmentchen zwischen Glasplatten zu bringen und so für spätere Zusammensetzungsversuche aufzubewahren. Die ganzen Fragmente füllen 10 Tafeln von durchschnittlich 20×30 cm Grösse.

Die Farbe des Papyrus ist ein ungewöhnliches Graubraun, das jedoch z. T. von den fest an den Fragmenten haftenden Sand- und Staubpartikelchen herrühren mag, die man ohne die Schrift zu verwischen, schwer wird entfernen können. Die Höhe und Länge der Rolle lässt sich nicht feststellen. Das höchste Fragment misst 16 cm. Der Unterschied in der Faserrichtung ist auf Vorder- und Rückseite[1] wie üblich. Die Blattlänge liess sich nicht bestimmen, da auf keinem Fragmente zwei Klebungen erhalten sind. Die Rückseite ist nur bei einigen Fragmenten beschrieben. Die Mehrzahl der Stücke ist verschiedenartig liniiert und zwar mit schwarzen und roten Linien. Ein grosses Fragment zeigt z. B. folgende Liniierung, in deren Vertikalkolumnen Zahlen, sowie Zeichen für Brote und Getränke eingeschrieben sind, ohne dass sich jedoch über deren Bedeutung oder Zusammenhang etwas erraten liesse.

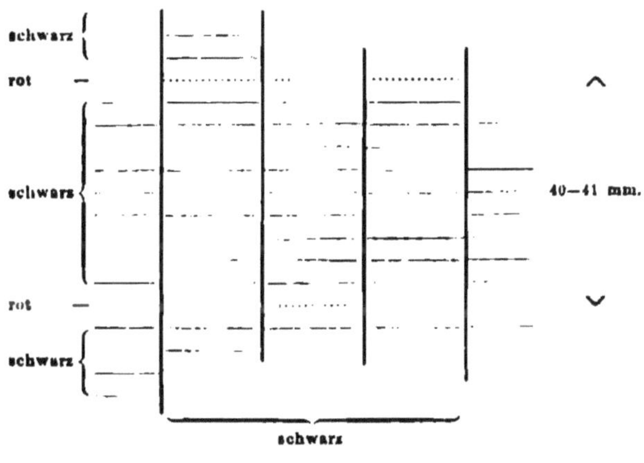

In ähnlich trostlosem Zustande befinden sich die meisten Fragmente; man sieht, dass es sich um irgend eine Buchführung handelt, weiteres aber lässt sich nicht ermitteln. Nur bei einigen kommen wir ein paar Schritte vorwärts und dem Verständnis näher. Am besten steht es noch mit einem Fragment, von dem wir hier eine Umschreibung oder besser gesagt: den Versuch einer Umschreibung folgen lassen:

[1] S. Wilcken in Hermes, XXII, S. 487; ÄZ. 1889, S. 119.

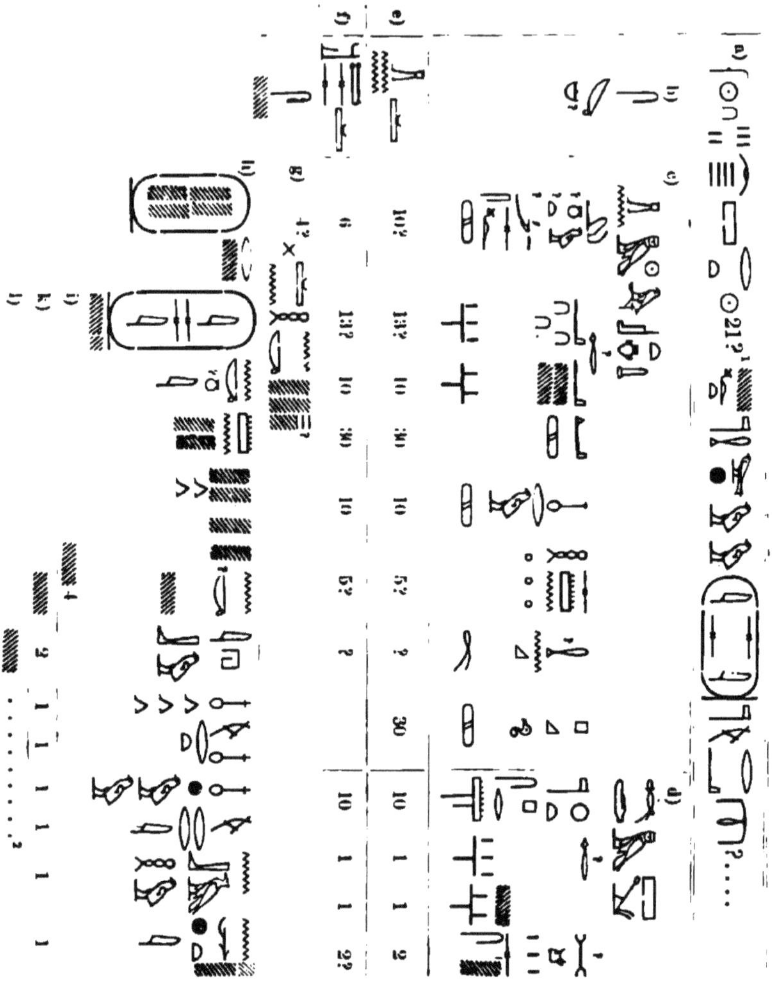

[1] Vielleicht altertümliche Form für das Monatsdatum 21, vielleicht ist es aber  zu lesen.

[2] An dieser Stelle ein verwaschenes, altes Rubrum; auf der Rückseite des Fragments steht:

Eine Übersetzung kann ich nicht geben. Die Anordnung des Blattes ist aber klar und ein Vergleich mit der Einrichtung des m. R.-Rechnungsbuches wird das Verständnis erleichtern.

In der oberen Zeile a steht das Datum, ganz wie jeder Tag in der m.-R.-Handschrift auch damit anfängt. „Jahr 15, 4. Monat der *Prt*-Jahreszeit, Tag 21 (?)“; unter welchem König, ist nicht gesagt.

Dann wird ein Prophet *Wr-ḫww* genannt, der in irgend einer Beziehung zum Könige *'Issi* steht.

In Kolumne b möchte ich die Überschrift sehen, welche in der Tagesabrechnung des m.-R.-Papyrus (passim) lautet:  etc.

Die Abteilungen c und d sind leichter zu erklären; sie enthalten Einnahmen, und zwar die erstere diejenigen „gebracht von dem Tempel, Sitz des Herzens des *Rc*“. Dass diese Lieferungen vom *Rc*-Heiligtume hier auftreten, zeigt uns, dass wir Rechnungen des königlichen Hofes vor uns haben, da dieses Haupttheiligtum wohl kaum jemand anders als dem Könige gesteuert haben wird. Auch lässt das auf einigen Fragmenten sich zeigende Vorkommen von Titeln unter Fortfall der Namen — z. B. 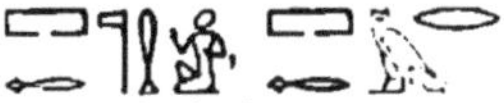 . . . — denselben Schluss zu. Die zweiten Einnahmen sind „entnommen(?) aus dem Vorratshause.“ Der dem ersten entsprechende Posten im m.-R.-Papyrus lautet: die aus dem Amonstempel gelieferten Einnahmen, für die zweite Art von Einnahmen kann ich eine genaue Analogie dort nicht finden, man könnte vielleicht die Bezeichnungen  . . . und  etc. [s. ÄZ 1891, S. 103] hier heranziehen.

Die Einnahmen sind in den Vertikalzeilen unter diesen beiden Überschriften genauer spezifiziert; eine Übersetzung wage ich aber auch hier nicht zu geben, nur soviel sehe ich, dass hier verschiedene Arten von Brot, Salz etc. auftreten. In den beiden folgenden Horizontalzeilen e und f dürfte die Höhe der Lieferung angegeben sein und zwar getrennt nach „Zu erheben“ und „Erhoben.“ Die beiden Rubriken decken sich. Es war also alles eingegangen. Nur bei der zu allererst angeführten Lieferung scheint ein Rest geblieben zu sein, dessen Eingang noch zu erwarten war.

Nun scheinen die Ausgaben zu folgen mit der Überschrift in Zeile g „Berechnung der . . ., vgl. in den Tagesabrechnungen des m.-R.-Papyrus (passim)  etc.

Darunter sind bei h die Namen der Empfänger[1] aufgeführt, die wohl sämtlich wie in jenem m.-R.-Papyrus Würdenträger am königlichen Hofe sind; es treten auf:

1) (Königsname) . . .	9) *Nk* (?) . . .
2) *R* . . .	10) *'Ihhw.*
3) *'Issi* . . .	11) *Nfr-iw.*
4) *Nhnw* (?) *i.*	12) *Mr-nfrt.*
5) *Mn* . . .	13) *Nfr-hww.*
6) . . . *iw*	14) *Mrri.*
7) . . .	15) *Nb3hw.*
8) . . .	16) *Nhti.*

In den darunterstehenden Zeilen i und k war wohl die Grösse ihrer Rationen angegeben. worin dieselben bestanden fand sich wohl ehemals vor dem Anfang der Zahlenreihen.

Zeile l kann ich weder lesen noch verstehen.

In der Terminologie () zeigt die alte Rechnung grosse Ähnlichkeit mit der jüngeren aus dem m. R., in der Gesamtanlage aber zeigen sich merkliche Abweichungen. Die Tagesschlussabrechnungen des m.-R.-Papyrus führen stets nur allgemeine Posten auf, die in den vorhergehenden Einzelnotierungen näher spezialisiert sind, in der a.-R.-Tagesabrechnung jedoch — und eine solche, glaube ich, haben wir doch vor uns — sind alle Posten und besonders die Namen sämtlicher Empfänger genau aufgeführt. Die Art der Buchführung hat sich also mit der Zeit geändert; übersichtlich sind sie aber beide.

Die Frage nach der zeitlichen Ansetzung des Papyrus beantwortet sich sehr einfach. Die Königsnamen, welche darin vorkommen, sind ,[2]  und . Und ausserdem werden zwei aus der Regierung des *K3k3i* stammende Bauwerke je zweimal erwähnt: seine Pyramide

---

[1] Einige dieser Namen kehren auf anderen Fragmenten wieder. Als neu tritt auf einem Fragment zu obiger Liste noch ein  *W3š-k3*, ein  *Ggi*, ein  *Tti*, ein 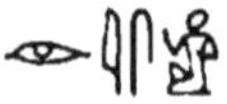 *'Iris* und endlich ein 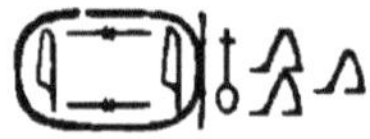 *Nfr-iw-'Issi* hinzu, falls letzterer nicht mit Nr. 11 identisch und nur dort mit Fortlassung des Könignamens geschrieben ist.

[2] Anscheinend nur als Teil eines Personen- oder Ortsnamens.

 „Selig ist *K3k3i*“ [1] und sein *Rˁ*-Heiligtum“

 „Sitz des Herzens des *Rˁ*“ [2].

Der Papyrus selbst dürfte aus der Zeit des *'Issi* [3] stammen, dessen Name mehrfach, besonders als Teil von Eigennamen auftritt. In dieser Ansicht bestätigt uns noch das Vorkommen einiger Personen, die uns aus der Regierungszeit dieses Königs von anderen Dokumenten her bekannt sind. Da ist zuerst der hier an besonderer Stelle genannte *Wr-ḫww*, dessen Grab in Gizeh erhalten ist (Nr. 95. LD. I 29 u. II 43, 44). Ferner glaube ich in dem bei Lieblein dict. de noms Nr. 1387 aus der Zeit des *'Issi* citierten 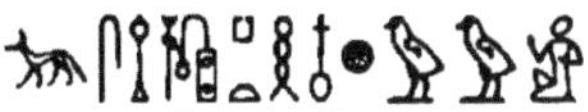 „Unterrichter und Schreiber *Nfr-ḫww-Ptḥ*“ unseren  *Nfr-ḫww* vielleicht wiederzuerkennen, der im Papyrus nur mit Fortlassung des Gottesnamen geschrieben sein könnte. An derselben Stelle kommt

---

[1] Diese Pyramide ist in die Liste ÄZ 1894, S. 89 hinter Nr. 8 als Nr. 8a einzusetzen. Die Gleichheit des Pyramidennamens beweist die schon von Wiedemann (Gesch. S. 97) vermutete Identität von *K3k3i* und *Nfr-ir-k3-Rˁ*.

[2] S. Sethe in ÄZ 1889, S. 111 ff. Die daselbst S. 117 ausgesprochene Vermutung, der Kult an den *Rˁ*-Heiligtümern habe unter *Mn-k3w-Ḥr* aufgehört, bestätigt sich nicht, da ja hier einer dieser Tempel noch unter *'Issi* genannt wird.

[3] Auf einem zu unserem Papyrus gehörigen Fragmente findet sich in Linearhieroglyphen, nicht in Cursivschrift, folgender Rest einer Königslegende, wobei, wie stets bei wichtigen Stellen, die Hauptsache, d. h. hier der Name, zerstört ist.

auch ein  „Leibwächter (?)" *Mrri-* vor, der mit dem oben erwähnten Manne gleichen Namens identisch sein könnte.[1]

Nach alledem scheint kein Zweifel walten zu können, dass unser Papyrus wirklich ein solch ehrwürdiges Alter besitzt und bis in die Zeiten des Endes der V. Dynastie zurückgeht. Wir haben also in ihm den ältesten bekannten Papyrus zu sehen. Sein Studium wird daher auch für paläographische Fragen von besonderem Interesse sein, da wir hier die älteste Form der Cursivschrift vor uns haben[2]. Es ist interessant, zu sehen, wie eng sich diese Schrift noch an die Hieroglyphen anlehnt. Eine vollständige Liste der Zeichen zu geben wäre nur bei Gegenüberstellung der Züge späterer Schriftepochen von Nutzen und liegt ausserhalb des Rahmens dieser Studie, ich kann

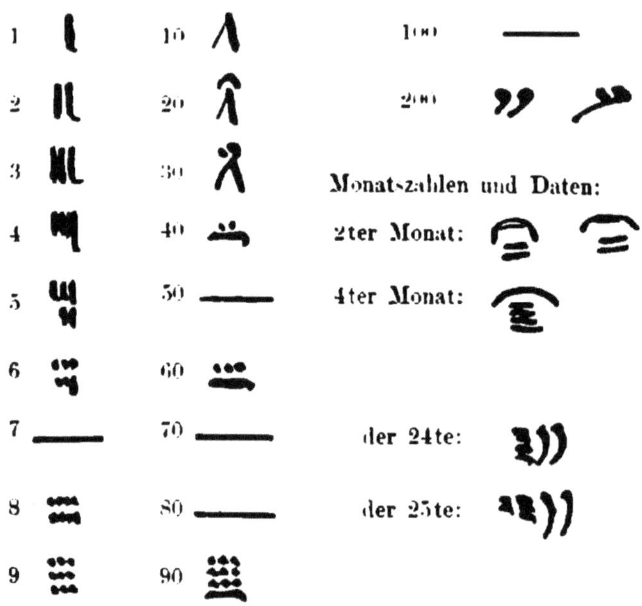

[1] Auch noch andere von den genannten Personen könnten sich gelegentlich identificieren lassen, so vielleicht:

W3š-k3 s. Mar. Mast. S. 156, 229 und 306, sämtlich V. Dyn.

'Iris s. Statue Nr. 131 im Gizehmuseum, Kat. Mar. Nr. 778, wohl V. Dyn.

Ggi s. Statuen Nr. 70—75 und 213, sowie eine Blendthür im Gizehmuseum, Zeit des *Mr-n-R'*.

[2] Die ältesten cursiv geschriebenen Zeichen sind wohl die kurzen Steinbruchnotizen auf den Steinen der Pyramiden der IV. Dynastie.

mir es aber nicht versagen, wenigstens die Zahlen auf der vorhergehenden Seite wiederzugeben, da gerade diese zum Teil so ganz abweichend von den später üblichen sind, aber dennoch uns schon die Keime der späteren Weiterentwicklung zeigen.

Zum Schluss mag noch bemerkt werden, dass dem Vernehmen nach andere kleinere und grössere Stücke derselben Handschrift in den Besitz von Maspero, Naville und Petrie gelangt sind. Hoffentlich ergiebt deren Veröffentlichung greifbarere Resultate als Verfasser aus den Fragmenten in Gizeh zu ziehen im Stande war.

Die Sprüche von der Himmelsgöttin.

Von

Adolf Erman.

Dass das himmlische Reich der Seligen nicht immer unter dem Schutze des Osiris und der ihm angegliederten Götter gestanden hat, wird heut wohl von allen Fachgenossen angenommen. Noch bis ins mittlere Reich hinein ist es Sitte, in den Grabinschriften neben dem Osiris auch den „grossen Gott den Herrn des Himmels“, also den Sonnengott, als den Gönner des Toten zu nennen und die Pyramidentexte lehren uns auch den Grund kennen, aus dem man gerade diesem Gotte die Verstorbenen anbefahl. Sie zeigen uns, dass nach ältester Vorstellung der Tote als Stern am Himmel fortlebte; als solcher *wird er in der Nacht erzeugt und wird er in der Nacht geboren; er gehört zu denen die hinter der Sonne sind, zu denen vor dem Morgenstern*[1].

Freilich auch in den Pyramidentexten ist diese Auffassung schon sehr zurückgetreten und die grosse Mehrzahl von ihnen beruht bereits auf den Vorstellungen der Osirissage: der Tote wird wie dieser Gott aus dem Tode erwachen, seine Schwestern beweinen ihn, sein Sohn opfert ihm und folgt ihm im Amte nach, seine Feinde werden gedemütigt. Selbst die Texte, die ursprünglich nichts auf den Osiris bezügliches enthalten haben, haben fast alle ein der neuen Sitte entsprechendes Gewand anlegen und dem Osiris Einlass gewähren müssen, wodurch sie dann freilich nicht gerade an Verständlichkeit gewonnen haben. Hier dem Einzelnen nachzugehen und das Ursprüngliche vorsichtig auszuscheiden, ist eine Aufgabe, die sich wohl einmal wird

[1] So z. B. Kap. 7 der Schack'schen Zählung (W 195). Ich citiere im folgenden die Kapitel nach Schack's Numerierung, füge aber in Klammern die Stelle an, an der das Kapitel vorkommt.

lösen lassen, um so mehr als uns augenscheinlich mehrfach verschiedene Verarbeitungen ein und derselben Grundlage erhalten sind. Hier will ich einen Versuch in dieser Richtung machen, zu dem eine kleine, in sich abgeschlossene Gruppe von Sprüchen herausfordert.

Wenn es in erster Linie der Sonnengott[1] war, dem man den Toten als neuen Himmelsbewohner anbefahl, damit er ihn unter *die vernichtungslosen* Sterne setze und ihm zu essen und zu trinken schaffe, so wandte man sich daneben auch zu dem gleichen Zwecke an die Himmelsgöttin selbst. Wir besitzen noch eine Reihe kurzer Sprüche, die derartige Gebete an die Nut enthalten, und diese sind es, die ich hier besprechen will. Da der hieroglyphische Text ja in aller Händen ist, kann ich dabei von einem Abdruck desselben absehen.

a. Kap. 212 (P 62 = M 83 = N 91).

Nut[2] *du hattest* eine Seele[3] *und du warst mächtig im Leibe deiner Mutter Tefnut, als du* noch *nicht geboren* warst.[4] *Schütze den P.*[5]*, dass er nicht sterbe.*

Der Spruch spielt ebenso wie die folgenden auf eine uns unbekannte Sage an, nach der Nut schon im Mutterleibe regiert oder sonst Grosses gethan hat.

b. Kap. 213 (P 62 = M 84 = N 91).

Dein Herz war mächtig und du warst . . . im Leibe deiner Mutter in deinem Namen „Nut“.

Die gleiche Anspielung wie im vorigen Kapitel. — Es ist wohl ein Wortspiel zwischen *wnwnṯ* und Nut beabsichtigt.

c. Kap. 214 (P 62 = M 84 = N 91).[6]

Du bist die Tochter, die in ihrer Mutter mächtig war, die als König erschien. Verkläre den P. in dir, dass *er nicht sterbe.*

---

[1] Der Mond ist in Kap. 6 (W 186) daneben genannt.

[2] P hatte davor noch ein Sätzchen, das auf den Namen des Keb endete.

[3] Die Bedeutung von *bꜣ* als Verbum ist noch unsicher.

[4] Man erwartet die *n*-Form Kap. 210 (P 61).

[5] M und N haben nur  wozu, wie der Vergleich von Kap. 228 (P 103) mit Kap. 210 (P 61) zeigt, in diesen Texten 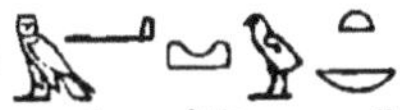 oder ähnlich zu ergänzen ist, sodass *ḫnm* hier eine Bedeutung wie „schützen vor“ haben wird. P hat dagegen hier , gebraucht also *ḫnm* hier wie gewöhnlich im Sinne von „versehen mit“.

[6] In MN nicht von dem vorigen Spruche getrennt.

Man beachte, dass hier und im folgenden Spruch der König nur mit dem Worte  bezeichnet ist, das dem Herrscher von Unteraegypten eignet, ein altertümlicher Zug, den die unten zu besprechende Überarbeitung (n) austilgt. Sind diese Texte etwa solche des Delta gewesen?

d. Kap. 227 (P 101 = M 89 = N 96).

Nut, du erschienst als König, weil du dich der Götter bemächtigtest[1] *und ihrer Seelen und ihres Erbes*[2] *und ihrer Speisen und aller ihrer Habe. Nut, du wirst geben, dass P ...*[3] *und lebe. Nut*[4]*, wenn du lebst, so lebt auch P.*

Der Gedanke, dass Nut als „König" erschienen ist, entspricht dem vorigen Spruche, während das Hinwegnehmen der Habe der Götter sich aus dem in den folgenden Sprüchen erzählten Vorgang erklärt.

e. Kap. 215 (P 63 = M 85 = N 92).

Grosse, die zum Himmel wurde, ...[5] *du warst mächtig und warst ... und erfülltest jeden Ort mit deiner Schönheit. Die ganze Erde liegt unter dir, du hast sie erobert. Du hast dir die Erde und alle Dinge in deinen Armen umschlossen. Setze dir*[6] *diesen P. hin als einen unvergänglichen Stern, der an dir ist.*

Die ersten Worte spielen augenscheinlich auf die seltsame Entstehung des Himmels an, die uns der nächstfolgende Spruch g ausführlich beschreibt. Seitdem ist Nut über die ganze Erde gespannt, die sie gleichsam erobert hat und nun mit ihren Armen umschliesst.

f. Kap. 216 (P 63 = M 86 = N 93)

... du hast ... bei Keb[7] *in deinem Namen „Himmel"; Keb hat dir die ganze Erde an jedem Ort vereinigt*[8].

---

[1] Dass *sḫm m* wirklich „sich einer Sache bemächtigen" bedeutet, sieht man aus Stellen wie Grab des Paheri 5; 9. 5. 7; Stele von Kuban Z. 5.

[2] Ob *ɜʿt* hier und im folgenden Spruch wie gewöhnlich das „Erbe" bezeichnet, kann man wohl bezweifeln; man würde an das gleichlautende Wort für „Fleischstück" denken, wenn dies nicht masc. gen. wäre.

[3] Die genaue Bedeutung von  ist mir nicht bekannt.

[4] Dieser Schlusssatz fehlt in MN.

[5] Was dieses *n* vor der *n*-Form eines Verbum bedeutet, weiss ich nicht; auch die Sprüche f und h beginnen so.

[6] Oder nach P: „du hast den P angesetzt".

[7] Keb fehlt bei P.

[8] So  lesen MN, P hat .

Es ist wohl ein Wortspiel zwischen *pndnṯ* und *pt* „Himmel“ beabsichtigt.

g. Kap. 217 (P 64 = M 86 = N 93).

Du bist fern[1] *von der Erde . . .*[2] *auf deinem Vater Schu, über*[3] *den du mächtig bist. Er liebte*[4] *dich, er stellte sich unter dich und alle Dinge. Du nahmst dir jeden Gott fort zu dir mit seinem Schiff; du setzt*[5] *sie als Leuchten an, dass sie nicht von dir weichen*[6] *als Sterne. Lasse diesen P nicht von dir fern sein, in deinem Namen „Himmel“.*

Der Spruch (der wieder mit einem Wortspiel schliesst) erzählt, dass, als Nut emporgehoben wurde, sie auch alles was sich damals auf ihr befand, mit in die Höhe nahm, insbesondere auch die Götter. Die hat sie sich dann als Sterne an das Firmament gesetzt, an dem sie in ihren Barken umherfahren.

h. Kap. 226 (P 100 = M 88 = N 95).

Nut! Zwei Augen erschienen[7] *an deinem Haupt. Du nahmst dir Horus und seine Zauberin, du nahmst dir Set und seine Zauberin. Nut! du hast deine Kinder gezählt, in deinem Namen „rpt von Heliopolis“, zähle den P dem Leben zu, dass er nicht sterbe.*

Der erste Teil des Spruches zählt vielleicht auf, welche Götter Nut so entführt hat: Sonne und Mond, Horus und Isis, Set und Nephthys[8]. Der zweite Teil bezieht sich auf die Sterne; wenn Nut diese ihre Kinder zählt und mustert, so soll sie auch den Toten den lebenden Sternen zuzählen, den „unvergänglichen.“

Soweit liegen uns diese Texte in ihrer ursprünglichen Fassung vor. Wie man sieht, ist in diesen noch mit keinem Worte von Osiris

---

[1] Zu *ḥr r* „fern sein von“ vgl. P 49. 118, sowie das ebenfalls auf Nut bezügliche Kap. 39 (W. 366), als Kausativ P 39.

[2] 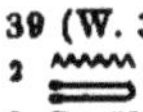 ist mir unverständlich.

[3] So übersetze ich, weil *šḫm m* auch in d und n so gebraucht ist; recht passend ist es nicht.

[4] Man erwartet eher einen Ausdruck wie „er hob dich auf“ und so kann man sich fragen, ob das hier gebrauchte 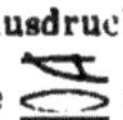 nicht vielleicht das Verbum der Bewegung ist, das öfter in den Pyramiden zu belegen ist. So parallel zu *šm* „gehen“ M 36; reflexiv für „sich begeben“ oder ähnlich steht es P 50. 53. Ausserhalb der Pyramiden findet es sich vielleicht LD II 28. 43a. 45a als Schifferausdruck „steuern nach“ oder ähnlich.

[5] An *śk* „zerstören“ kann man hier nicht denken; es ist wohl ein anderes Wort.

[6] *ḥm* „weichen“ ist gut belegt durch T 173.

[7] Hier steht wieder das für diese Texte charakteristische *n* vor der *n*-Form, wie oben in e und f.

[8] Auch Kap. 17 (P 284—290) nennt Isis, Horus, Set, Nephthys am Himmel und nennt Nut ebenfalls die *rpwt* von Heliopolis.

die Rede; der Betende wendet sich in ihnen unmittelbar an die Göttin des Himmels, die Beherrscherin der göttlichen Sterne und bittet sie, die so grosse Macht schon gezeigt habe, dem Toten eine Stelle am Himmel zu gewähren.

Anders steht es schon mit den folgenden beiden Texten i und k.

i. Kap. 211 (P 62 = M 69 und 83 = N 72 und 90).

Nut! falle nieder auf deinen Sohn Osiris! Schütze ihn, grosse Schützerin, diesen Grössten unter deinen Kindern.

Nut wirft sich über die Leiche ihres Sohnes, um sie vor der Wut des Set zu schützen, wie dies der folgende Spruch genauer ausdrückt.

k. Kap. 210b (P 62 = M 83 = N 89[1]).

Nut, beuge dich[2] *über deinen Sohn Osiris P,* hüte *ihn vor Set,* schütze *ihn. Nut, du bist gekommen damit du deinen Sohn* hütest, ja *gekommen damit du diesen Grossen* schützest[3].

Auch in diesen beiden Sprüchen ist es also noch Nut, die angerufen wird, aber der Tote dessen sie sich annehmen soll, ist nicht mehr ein gewöhnlicher Mensch, es ist ihr eigener Sohn, der ermordete Osiris, und nur insofern der Tote diesem gleichgesetzt wird, hat er noch auf den Schutz der Göttin ein Anrecht. Und was sie ihm gewähren soll, ist nicht mehr ein Platz unter den Sternen, sondern es ist Schutz gegen seine Feinde, die ihn vernichten wollen.

Indessen auch derartige Sprüche genügten den Anhängern des Osiris nicht auf die Dauer; man wünschte, dass jedes Gebet, das man für die Toten an die Götter richtete, möglichst auch mit dem heiligen Namen des Osiris beginnen sollte. So arbeitete man denn auch unsere Sprüche k und i entsprechend um und sie liegen uns nun vereint in folgender Gestalt vor:

l. Kap. 228 (P 103 = M 70 = N 72).

Osiris P, es neigte sich deine Mutter Nut über dich, dass sie dich hüte vor allem Bösen. Nut hat dich geschützt vor allem Bösen. Du bist der grösste unter ihren Kindern. Nut, falle nieder auf deinen Sohn

---

[1] Der Text nach N; P und M verbinden ihn mit 210a und mit 211.

[2] P fügt ein [illegible] ein, das aus der Vermischung mit der späteren Bearbeitung l (Kap. 228) stammt.

[3] MN ohne [illegible], was ich nicht verstehe; überhaupt ist die Auffassung des letzten Satzes mit dem *is* sehr zweifelhaft.

Osiris P. Schütze ihn grosse Schützerin, diesen grössten unter deinen Kindern.

Eine andere, ähnliche Bearbeitung von k lernen wir in Kap. 156 kennen, das mit o *Osiris* beginnt und am Anfang erzählt was Horus für Osiris gethan hat, am Schlusse aber was Keb ihm anthut. Dazwischen heisst es

m. Aus Kap. 156 (T 278 = P 59 = M 26 und 69 = N 84).

Es neigte sich deine Mutter Nut über dich, in ihrem Namen „št-pt". Sie liess dich einen Gott sein ohne Feind, in deinem Namen „Gott". Sie hat dich geschützt vor allem Bösen, in ihrem Namen „grosse Schützerin". Du bist der grösste unter ihren Kindern.

Schlimmer noch ist es unserm Spruch d ergangen, hier ist der Name der Nut einfach durch den des Osiris ersetzt worden:

n. Kap. 210a (P 61 = M 82 = N 89).

Osiris P. du erschienest als König, weil du dich der Götter bemächtigtest und ihrer Seelen.

Dass die mythologische Anspielung nicht auf den Osiris passt, hat dem Überarbeiter, wie man sieht, kein Bedenken gemacht. Dagegen ist ihm etwas anderes bedenklich gewesen. Der alte Spruch nannte (ebenso wie c) die Nut einen , gab ihr also den unteraegyptischen Königstitel; das durfte nicht so bleiben und der Osiris musste den Titel erhalten, den die Könige der historischen Zeit tragen:  „König von Oberaegypten und Unteraegypten." Es ist das übrigens auch als Anhalt zur Datierung wohl zu beachten. Die alten Sprüche c und d stammen danach aus einer Urzeit, in der das Reich noch geteilt war, oder in der sich doch das Delta noch als besonderer Staat fühlte: dagegen gehört die Überarbeitung n schon dem geeinigten Aegypten an.

Eine andere freiere Verarbeitung desselben Spruches d liegt als Kap. 235 vor: diesmal ist das, was zu sehr an die Nut erinnerte, durch ein 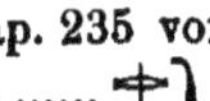 wie es auf Osiris passt, ersetzt und der Text heisst nun:

o. Kap. 235 (P 122 = M 91 = N 98).

Osiris P, du geschützter! ich gebe dir alle Götter und ihr Erbe und ihre Speisen und alle ihre Habe. Du stirbst nicht.

Der Spruch soll in dieser Fassung wohl Worte enthalten, die Horus „der Schützer seines Vaters" zu diesem sagt.

Endlich haben wir als

p. Kap. 234 (P 122 — M 90 — N 97).

Osiris P, du hast jeden Gott in deinen Armen umschlossen, ihre Länder und alle ihre Dinge. Osiris P du bist gross, du kreisest wie der Kreis der die Ḥ3-nbw umgiebt.

Der letzte Satz ist aus einem anderen dunklen Texte (Kap. 154 = P 28) entnommen, der erste dagegen scheint aus den Sprüchen e und g entstanden zu sein. Von der Himmelsgöttin hatte es dort einen Sinn zu sagen, dass sie alle Länder und alle Dinge und alle Götter in ihre Arme schliesse; was dasselbe hier beim Osiris heissen sollte, mag auch dem Verfasser dieses neuen Textes nicht klar gewesen sein, und wird auch schwerlich später jemand beunruhigt haben. Im Gegenteil, für die späteren Geschlechter liegt ein besonderer Reiz solcher alten Sprüche und Formeln ja gerade in ihrer halben Unverständlichkeit, die das Gefühl erweckt, als handele es sich in ihnen um ganz besonders geheimnisvolle und heilige Dinge.

Es erübrigt noch zu betrachten, in welcher Weise uns die hier besprochenen Sprüche überliefert sind. Sie liegen uns so in den einzelnen Pyramiden vor:

W enthält keinen dieser Texte.

T enthält nur m.

P enthält sie in folgender Anordnung m. n. k. i. a. b. c. e. f. g. (andere Kapitel) h. d. l. (andere Kapp.) p. o.

M: m (andere Kapp.) i. m. l. (andere Kapp.) n. k. i. a. b. c. e. f. g. h. d. p. o.

N: i. l. (andere Kapp.) m. (andere Kapp.) n. k. i. a. b. c. e. f. g. h. d. p. o.

Man sieht zunächst, dass die schon auf Osiris bezüglichen Sprüche m und i besonders beliebt waren; die Tetipyramide hat überhaupt nur m aufgenommen. Des weiteren ist es klar, dass die gleichmässige Reihenfolge von n k i a b c e f g h d in P, M und N kein Zufall sein kann; diese 11 Sprüche müssen in einer Handschrift, auf die unsere Texte[1] in letzter Linie zurückgehen, so vereinigt gewesen sein.

[1] Wie gewöhnlich haben M und N eine gemeinsame Vorlage benutzt, die von der von P benutzten abweicht.

Diese Sammlung enthielt also:

n: den aus d hergerichteten Spruch vom Erscheinen des Osiris als König.

k. i: die Bitte an Nut, den Osiris zu schützen.

a. b. c: die alten Sprüche von der Macht der Nut im Mutterleibe.

e. f. g. h. desgl. von der Entstehung des Himmels und der Entführung der Götter zum Himmel.

d: desgl. von dem Königtum der Nut.

Die 8 alten Sprüche zeigen dabei eine dem Inhalt entsprechende Anordnung, der Sammler wird sie also in dieser Reihenfolge aus einer noch älteren Quelle übernommen haben. Gleichsam um diese alten Texte bei seinen Zeitgenossen zu legitimieren, hat er ihnen dann die beiden den Osiris betreffenden Sprüche k und i vorgesetzt und hat an den Anfang der ganzen Sammlung den Spruch n gestellt, den er selbst zur Ehre seines Gottes aus dem letzten Spruche d angefertigt haben wird.

Können wir auch über diese Sammlung hinaus noch zurückgehen? Ich bemerkte schon eben, dass jene 8 alten Sprüche uns noch in ihrer ursprünglichen Ordnung vorzuliegen scheinen, da die zusammenstehenden ähnliche Gedanken enthalten; b schliesst sich an a und c an b und ständen nicht die Bitten am Schluss einzelner Sprüche und das  an den Anfängen dazwischen, so könnte man das Ganze für einen Text halten. Man lese es nur einmal mit Fortlassung dieser Trennungen:

Nut, du hattest eine Seele *und du warst mächtig im Leibe deiner Mutter Tefnut, als du* noch *nicht geboren warst.*

Dein Herz war mächtig und du warst ... im Leibe deiner Mutter, in deinem Namen „Nut". Du bist die Tochter, die in ihrer Mutter mächtig war, die als König erschien.

Grosse, die zum Himmel wurde ... du warst mächtig und warst ... und erfülltest jeden Ort mit deiner Schönheit.

Die ganze Erde liegt unter dir, du hast sie erobert. Du hast dir die Erde und alle Dinge in deinen Armen umschlossen.

... du hast ... bei Keb, in deinem Namen „Himmel"; Keb hat dir die ganze Erde an jedem Ort vereinigt.

Du bist fern von der Erde ... auf deinem Vater Schu, über *den du mächtig bist. Er liebte dich und stellte sich unter dich und unter alle Dinge.*

Du nahmst dir jeden Gott fort zu dir mit seinem Schiff; du setzest *sie als Leuchten* an, *dass sie nicht von dir weichen als Sterne.*

Nut, zwei Augen erschienen an deinem Haupt. Du nahmst dir Horus und seine Zauberin, du nahmst dir Set und seine Zauberin.

Nut, du hast deine Kinder gezählt, in deinem Namen „Rpt von Heliopolis.“

Nut, du erschienst als König, weil du dich der Götter bemächtigtest und ihrer Seelen und ihres Erbes und ihrer Speisen und aller ihrer Habe.

Ich glaube, das ist wirklich ein altes Lied an die Himmelsgöttin, das sie von ihrer Geburt an bis zu ihrem Triumphe als Königin der Welt feierte. Man hat es auseinandergeschnitten um seine einzelnen Verse zu Gebeten zu verwerten, aber gerade diese Misshandlung hat es uns erhalten, als ein merkwürdiges Denkmal der urältesten Dichtung Aegyptens.

Ägypten in den südarabischen Inschriften.

Von

Fritz Hommel.

Wenn ich hiermit meinem hochverehrten Lehrer und Kollegen, meinem geliebten väterlichen Freunde, eine kleine wissenschaftliche Gabe als ganz geringes Zeichen meiner Anhänglichkeit und Dankbarkeit zu seinem sechzigsten Geburtstag darbringe, so glaube ich das in keiner ihm angenehmeren Weise thun zu können, als wenn ich aus meinem speziellen Forschungsgebiete etwas neues gerade auf Ägypten bezügliches veröffentliche. Da hat mir denn mein Freund Eduard Glaser, der rühmlich bekannte Erforscher Arabiens, aus den vielen von ihm neu entdeckten, leider immer noch der Veröffentlichung harrenden Inschriften, eigens zu diesem Zweck die interessante Liste zur Verfügung gestellt, von welcher schon in Hal. 190 und 231—234 einige fragmentarische Bruchstücke vorlagen. Dieselben waren erst durch Glaser's mündliche Mitteilungen an mich (ZDMG. 46, 1892, S. 531 und 49, 1895, S. 527, Anm. 2) verständlich geworden, so dass ich in meiner Südarabischen Chrestomathie, S. 117 die sich nach jenen Mitteilungen Glaser's nun von selbst ergebende Restitution der genannten fünf Fragmente Halévy's veröffentlichen konnte. Auf diese Weise waren also 15 der c. 75 noch gut oder wenigstens teilweis lesbaren Sätze, die immer den stereotypen Wortlaut hatten:

> x, Sohn des y, vom Orte z, von dem und dem Stamme, weihte und gab der Gottheit preis (?, *śakraba wa-ḥasara*) die N. N. (hier steht stets ein Frauenname) von (*bin* = nordarab. *min*) da und da (Landes- oder Ortsname)

in annähernd richtiger Wiedergabe bekannt geworden.

Nun stehen mir für heute durch die Güte Glasers, der damit auch seinerseits dem von ihm hochverehrten Gönner einen kleinen

Beweis seines Dankes für die ihm und seinen Arbeiten stets entgegen gebrachte Teilnahme abzustatten sich erlaubt, sämtliche 75 Sätze zur Verfügung. Um jedoch nicht einer späteren Veröffentlichung durch Glaser, der die Abklatsche besitzt und mir zunächst nur sein Kopie mitgeteilt hat, vorzugreifen, so beschränke ich mich darau obwohl ich die Erlaubnis hätte, das ganze zu geben, zunächst einma die sieben Ägypten erwähnenden Zeilen mitzuteilen, aus den übrige aber nur auszugsweise einiges besonders interessante herauszugreifen. Die Liste ist, wie schon bekannt, minäisch, stammt aus den Ruinen die heute noch Ma'în heissen und wahrscheinlich die Stelle der alten Hauptstadt des minäischen Reiches, *Ḳarnâwu* bezeichnen und gehör jedenfalls noch in die Zeit des Bestehens dieses Reiches, über welch allerdings noch Meinungsverschiedenheit herrscht. Nach Glaser' scharfsinnig von ihm begründeter Hypothese gehören die minäische Inschriften noch vor die sabäischen, also ± 1000 vor Chr. Geb während andere sie für gleichzeitig mit den älteren sabäischen halte und z. B. die Inschrift Hal. 535 + 578 (jetzt = Gl. 1155), in de מצר (wie Glaser zuerst erkannt = *Miṣr*, Ägypten) und ein ihm feindliches מדי (مذى) vorkommt, ins Jahr 525 v. Chr. setzen, da sie in مذى eine sibilirte Aussprache von מָדַי „Medien" erblicken[1].

Nun also zunächst die sieben Ägypten erwähnenden Sätze de Säuleninschrift Gl. 1238 ff.:

(30) נא בן דאב ד[....] דאהל ילקם ישכרב וחסר תבא בן מ[צר]
(34) יו בן יבחראל דגדרן דאהל עקב שכרב וחסר תבא בן מצר
(35) חים בן אבשמע דמלג דאהל נחד שכרב וחסר תבא בן מצר
(43) בד בן ראב דצמע דאהל גבאן שכרב וחסר אמתשמש בן מצר
(45) ידאל בן עבד דסירן דאהל מוקה שכרב וחסר [.....] בן מצר
(53) חמאל בן חוהם דרתע דאהל נבאן שכרב וחסר תחבת בן מצר
(63) שמעאל בן דאב דקום דאהל ילקם שכרב וחסר והיו בן מצר

---

[1] Für Gl. 1155 (Abklatsch der von Halévy nur flüchtig kopierten Inschrif Hal. 535) und für Gl. 1083 (= Hal. 187 + 188 + 191), wo, wie sich jetzt herausstellte ebenfalls Ägypten vorkommt, vgl. Glaser's „Die Abessinier in Arabien und in Afrika" München 1895, S. 74 f. Dem Ausdruck Miṣr, A'šûr (s. darüber meine Aufs. u. Abh. S. 8 f.) und *'Ibr naharân* (hebr. *'eber hannahar*, babyl. *ebir nâri* = Palästina, schon K. 3500 aus Asurbanipals Bibliothek) in Gl. 1155 entspricht danach in Gl. 1083 Miṣr Ghazzat und A'šûr als Stationen des südarab. Weihrauchhandels; in beiden Fällen ist das Verbum רתכל (*t*-Form von רכל, vgl. hebr רָכַל) gebraucht, dessen Subjekt die Minäer und dessen Objekt die genannten Ländernamen sind.

[2]) mit ש transscribiere ich das gewöhnliche s (genauer ś, etymologisch = ש, س), mit שׁ das š (etymol. = שׁ und ش) und mit ס das reine s (etymol. = ס, س).

Daraus ergiebt sich zunächst, dass drei verschiedene Personen von verschiedenen Orten und Stämmen je ein Weib von Ägypten, Namens תבא (das ist wohl der arabische Name *Tabû'a* bei Asarhaddon, siehe über diesen meine Gesch. Bab's. u. Ass., S. 708) der Gottheit weihen, dann ein Gebanite vom Orte Ṣama' ein ägyptisches Weib Namens Amat-Shams, wieder ein Gebanite eine gewisse Taḫbut (der Name scheint Hure zu bedeuten, vgl. arab. خَبِيث) und endlich ein Mann von קום (Hal. 344, 11), vom Stamm يلقط (vgl. ילקוט?) eine gewisse Zahjâwu (worin nur die beiden ersten Buchstaben nicht ganz sicher sind). All diese Frauennamen — leider ist der fünfte von den sieben nicht mehr lesbar — klingen gut arabisch, H. Winckler würde sie deshalb gewiss alle statt für Ägypten für das von ihm im Norden der Sinaihalbinsel postulierte Land Muṣri (Altoriental. Forschungen, S. 24 ff.) reklamieren, was meines Erachtens an der Sache nicht viel ändert, da jedenfalls die Namen (südarab. מצר d. i. *Miṣru*, Ägypten, und keilinschr. *Muṣru* zwischen dem eigentlichen Ägypten und Arabien) dieselben sind; letzteres erklärt sich dadurch, dass Ägypten zeitweilig auch diese angrenzenden Gebiete besass. Übrigens unterschieden die Minäer genau zwischen dem zur Zeit des Königs Abîjada' Jaṭi' ihnen gehörenden מצרן (wohl = Muṣrân, und dann = jenem keilinschr. Muṣru Winckler's) und zwischen מצר d. i. Ägypten selbst, Miṣru).

Ausser dieser 7 maligen Erwähnung ägyptischer (der Nationalität nach aber arabischer) Frauen, bezw. Sklavinnen, kommt 24 mal Ghazzat, das bekannte Gaza, sechsmal Dedan, dreimal Ḳedar (קדר), je einmal Jaṯrib (Medîna), *Ammon* (עמן), *Moab* (מאב), Ḳatabân, Ḥadramaut, Hagar (הגר) und einige andere weniger bemerkenswerte Gegenden als Herkunftsort geweihter Sklavinnen vor. Auf Miṣr, Dedan, Gaza und Jathrib in diesem Zusammenhang hatte schon Glaser (Skizze II, S. 397), ebenso auf Kedar (ebenda, S. 439), hingewiesen; dass daselbst auch Ammon und Moab vorkäme, erfuhr ich gelegentlich von Glaser, noch bevor er mir die Kopie dieser hochinteressanten Liste überliess. Wenn es kein Zufall ist, dass Saba nicht genannt wird, so wäre dieser Umstand eine wichtige Bestätigung für Glaser's Ansetzung des minäischen Reiches vor dem sabäischen. Doch gebe ich, obwohl ich mich heute mehr als je dieser Auffassung anschliesse, darauf weniger, da ja auch die Erwähnung Saba's als Heimat einer Sklavin nichts gegen Glaser's Hypothese beweisen würde; dass ein Stamm, ja vielleicht sogar eine Landschaft Saba schon zur Zeit der minäischen Könige existierte, wissen wir ja ohnehin gerade aus den minäischen

Inschriften (vgl. Glaser's Skizze I, S. 57 u. 60). Interessant sind auch die Familien, denen die weihenden Minäer unserer Liste angehören: Geb'ân (23 mal), Aṣram (7 mal), يلقظ (6 mal), موقه (4 mal), جحذ (3 mal), عقب (3 mal), سحر (2 mal), نسور (2 mal) und endlich عهد, أطم, قرن, عمد, ثمد (Thamûd?), عليال, سحر, حطط, diese letzteren acht je einmal; ebenso die Orte, die im Gebiete dieser Familien (أهل) oder Stämme lagen, wonach nämlich die Orte دبر, نعم, محضر, عمرتع, und قوم dem Stammesgebiet von يلقظ, die Orte نمر, عدر, ظهرن, خضلن, فاد, ربقن, يفعن, ردع, شعثم, بوسن, رتع, سقم, فهد, صمع und زعم den Gebaniten, برر, شعب, أثاب und حمى den banû Aṣram, die Orte يشمة (vgl. בֵּית הַיְשִׁמוֹת Num. 21, 20) und جدرن dem Stamm عقب (vgl. יעקב), die Orte ظيرن, غربة, غرس und يهر (letzteres durch seinen Attar-tempel berühmt) dem Stamme موقه gehörten. Auf die gleiche Weise erfahren wir noch, dass der Ort ابوكل (Abî-wakil) im Gebiet des Stammes سحر, dass خثع und ملع im Gebiet von جحذ, dass سأفع im Gebiet von عهد, dass شفتن im Gebiet von بعدإل (oder سعدإل?), dass سيل im Gebiet von عليال ('Alji-ilu), dass حذكة im Gebiet von قرن, dass بثع im Gebiet von عمد und dass رمضن im Gebiet von ثمد lag — alles Angaben, die für die Geographie des alten Südarabiens und noch drüber hinaus von grösster Wichtigkeit sind, zumal wenn sie noch genauer mit den Angaben der übrigen Inschriften und Hamdani's verglichen werden. Einzig und allein beim Ort بوسن (Bausân), von wo übrigens auch eine Sklavin Namens ابرضو (Abî-raḍuwa) stammt, finden wir eine doppelte Zugehörigkeit, nämlich einmal zu Geb'ân, und einmal zu أطم.

Unstreitig das interessanteste dieser ganzen c. 70 (auf etwa 200 kurze Zeilen verteilte) Weihformeln enthaltenden Stele sind aber die Herkunftsorte der Sklavinnen sowie die Namen der letzteren selbst. Die aus Ägypten stammenden haben wir ja schon kennen gelernt, arabische Namen. Die moabitische Sklavin heisst יעי (oder יזי?), vgl. hebr. יְעִיאֵל und יוֹעֶאלָה, die ammonitische עדנת, die von Dedan stammenden זנית (vgl. oben تخبث und das dazu bemerkte), צמד (ضمد), במהל עזי (d. h. بِمَهْلِ عُزَّى; vgl. noch den hebräischen Eigennamen במהל 1 Chr. 7, 33), עוֹתַם (غوثم) und חרשהנעמת (d. i. خرشها نعمت, vgl. חֶרֶס Sonne, was also urspr. חָרָשׁ hiess wie סְאֹן ursp. שאן) und עלחרש, die von Kedar stammenden אחלתי (vgl. die vielen südarab. mit לחי zusammengesetzten Namen und לחי ראי Gen. 16, 14), עלבית und עַנִי (غنى), die von Jathrib מראת, ebenso die von Hagar und von 'Ain-il („Quelle Gottes“, vgl. ביתאל und ähnlich zusammengesetzte Ortsnamen), ferner die von Ḳurain (קרן, vgl. القُرَيْنة bei Hamd. u. Bekri)

קינת (Sängerin), die von Waga' (ונא, am roten Meer) חלד, eine von תמלח (vgl. Wadi el-Milḥ und Chirbet el-Milḥ östlich von Beerseba?) מלכת (Milkah), die von מדן (leider ist die Lesung nicht ganz sicher, sonst wäre natürlich מדן Gen. 25, 2 zu vergleichen) מפלטת, die von יונם (vgl. dazu Glaser, Skizze II, 155 und 431) שלמת (سَلْمة oder سَلِيمَة), die von Hadramaut תודד, die von Ḳatabân עמכן (d. i. 'Ammî-kâna?, leider ist das zweite Element כן nicht ganz sicher), die von Saïd אבשמי (d. i. أَبِى سَمَّى) und endlich die vielen von Ghazzat (Gaza), die uns wieder zurück in die nächste Nachbarschaft von Ägypten führen:

אבהל, einmal אבהיל; vgl. אֲבִיהַיִל 1 Chr. 2, 29 (ebenfalls Frauenname).
אבעדן (= *Abî-'adan*, vgl. oben עדנת von 'Ammon) zweimal.
אברחם (= أَبى رحم) viermal.
אמי.
בילת.
בשמת (بشمة), vgl. Gen. 26, 34.
חנת (hebr. חַנָּה).
חתמו (Ḥatmâwu, eine Bildung wie خَتَمَاءُ).
לחיאב (vgl. das oben zu אחלחי bemerkte).
ננהת (vgl. den männlichen Namen נֹגַהּ 1 Chr. 3, 7).
עבבע (= *Abî-bâ'a*, mein Vater hat mich verkauft?), zweimal.
תעלי (3 sing. f. von עלי).
שמר (شمر, im südarab. sonst männl. Personenname).
שגלת (سجلة, vgl. שֵׁגַל „Königin" Ps. 45, 10 und Neh. 2, 6)

und endlich ein Name, mit dem ich absichtlich diese Geburtstags- und Jubiläumsgabe abschliesse, die zweimal als Sklavin von Gaza vorkommende שלמבו (سلمبو), in welchem Namen ich zuversichtlich den durch Flaubert, den Begründer des altorientalisch-historischen Romans, berühmt gewordenen Frauennamen Salambo, den nach den Glossen der Alten die babylonische Astarte getragen haben soll, erkenne[1].

[1] man vergleiche südarab. شرحبإل neben شرحإل, also etwa hier שָׁלוֹם־בַּאַל, wofür man dann einfach שָׁלוֹם בו sagte. Der Name ist dann hier nicht arabischer, sondern kanaanäisch-hebräischer Bildung.

Die Polizei im römischen Ägypten.

Von

Fritz Krebs.

Einen interessanten, wenn auch nicht gerade übermässig erfreulichen Einblick in die sozialen Zustände der unteren, einheimischen Bevölkerung des römischen Ägyptens bietet uns die in unsrer Sammlung ziemlich stark vertretene Urkundenklasse der libelli oder — wie sie griechisch heissen — βιβλίδια. Es sind dies die Eingaben, in denen der Ägypter den zuständigen römischen Behörden die an seinem Eigentum oder seiner Person verübten Vergehen oder Verbrechen offiziell zur Anzeige brachte. Sie sind gerichtet entweder an den römischen Centurionen, der die höchste Polizeibehörde, oder an den Strategen, der — neben vielen andern Amtsbefugnissen — die gerichtliche Behörde des Gaues darstellt. Seine richterliche Befugnis ist allerdings[1] eine nur vorbereitende. d. h. er hat, wo ein gerichtliches Verfahren notwendig wird, kommissarisch die Vorverhandlung und Beweisaufnahme zu leiten. Diese hat er dann der kompetenten richterlichen Behörde, dem Vizekönig oder seinem Delegierten, vorzulegen, wenn dieser auf einer Dienstreise die Gerichtssitzung im Gau abhält. In vielen Fällen geschah es — dafür haben wir Beispiele — dass man bei beiden Behörden, beim Strategen sowohl wie beim Centurio, zu gleicher Zeit die gleiche Anzeige einreichte. Dies hatte dann meist den Zweck, einerseits etwaige Ansprüche zur rechten Zeit gerichtlich geltend zu machen, andrerseits, durch die Polizei, eine einstweilige Verfügung zu veranlassen. In den meisten Fällen enthält aber eine Eingabe an den Centurio nur die Bitte um polizeiliche Vernehmung der Missethäter, oder, wenn diese dem Kläger noch nicht bekannt, die Bitte um Ermittlung und Verhaftung derselben durch die Polizei.

---

[1] Vgl. Mitteis. Zur Berl. Papyruspublikation Hermes XXX S. 564 fgg.

Einen lehrreichen Einblick in den Gang solcher Angelegenheiten bietet uns die folgende Beschwerde[1], die zugleich als typisches Beispiel dieser Urkundenklasse dienen mag. Sie beginnt, wie sämtliche derartige Urkunden, mit der Adresse:

„Dem Strategen der Themistos- und Polemo-Bezirke des Arsinoitischen Gaues, Aurelius Didymus (eingereicht) von Aurelius Pakysis, dem Sohne des Tesenuphis, Priester und Stolist des erhabenen Tempels des Dorfes Soknopaios-Insel".

Nun folgt, kurz und sachlich gehalten, die Beschwerde:

Im Hause seiner Schwiegertochter bewahre er in einem verschlossenen Raume seinen Getreidevorrat auf. Eines Tages nun, als er selbst in Alexandria war, hätte man entdeckt, dass vom oberen Stock aus ein Loch durch die Decke gebohrt und eine beträchtliche Menge Getreide gestohlen war. Sofort hätte man die Sache der Polizei des Dorfes — dem ἀρχέφοδος — gemeldet, und die Überwohner hätten auch gar nicht den Versuch gemacht, ihre Schuld zu leugnen. Was die Polizei nun daraufhin gethan, war lediglich das, dass sie die Diebe auf Ersatz des Gestohlenen in Höhe von 7 Artaben Weizen verpflichtete. Da diese aber — heisst es nun zum Schluss — ihrer Verpflichtung bis jetzt nicht nachgekommen sind, „reiche ich notgedrungen diese Beschwerde ein, die ich in die Liste der Verhandlungssachen aufzunehmen bitte, damit mir mein Rechtsanspruch gegen die Angeschuldigten bleibe. Lebe wohl".

Nach einem kleinen freien Raum folgt das ägyptische Datum, das dem 7 April 216 n. Chr. entspricht. Die Urkunde ist von einem berufsmässigen Schreiber geschrieben. In dem freien Zwischenraum hat der Bittsteller selbst mit ungeübter Hand und in falschem Griechisch unterschrieben: Αὐρηλίου Πακῦσις ἐπιδέδοκα. Da es nun aber lange dauern kann, bis die Klage gerichtlich zur Verhandlung kommt, wendet der Kläger sich am selben Tage an die Polizeidirektion des Gaues, den römischen Centurionen, mit einem Bericht[2], der den Thatbestand mit genau denselben Worten schildert wie die Eingabe an den Strategen. Verschieden ist nur die Bitte, mit der am Schluss die Eingabe motiviert wird:

„Deshalb nehme ich gezwungenerweise meine Zuflucht zu dir, und bitte dich, dir die Angeschuldigten vorführen zu lassen, damit ich womöglich durch deinen Machtspruch (wenigstens) die vereinbarten 7 Artaben für die grössere Masse des Gestohlenen wiedererhalte".

[1] Ägypt. Urkunden des Berliner Museums. Griech. Urk. (B. G. U.) Nr. 321.
[2] B. G. U. Nr. 322.

Gewiss haben sich oft, wie in dem eben besprochenen Falle, die Kläger gleichzeitig an beide Behörden gewendet, auch da, wo uns nur die eine Klageschrift erhalten ist. Zunächst hat aber der Kläger meistens einfach an die Polizei berichtet, ehe er die gerichtliche Hilfe in Anspruch nahm. So ist es im folgenden[1] der Fall, wo es sich um Unterschlagung einer Erbschaft handelt. Eine Frau namens Tanomieus klagt hier dem Centurio folgendes:

„Mein verstorbener Mann Atemis hatte als Erben eingesetzt unsre unmündigen 3 Kinder und als deren Vormund seinen Bruder Abus. Der Nachlass" — anscheinend lediglich in Getreidevorrat bestehend — „wurde verkauft mit Ausnahme eines Quantums Weizen, das zum Verbrauch für die Kinder in einer Vorratskammer hinterlegt war in dem Hause, das meinem Manne und dem Vormund gehörte. Es war versiegelt mit meinem Siegel und dem des Vormundes. Nach einiger Zeit bat ich ihn nun, nach Entnahme des für den Lebensunterhalt nötigen Getreides, den Rest zu verkaufen, oder als Saatgetreide auszuleihen, damit er nicht verderbe. Er gab aber ausweichende Antworten und that nicht nur keins von beiden, sondern entzog sich überhaupt seinen Vormundspflichten. Darum reiche ich notgedrungen diese Bittschrift ein und bitte dich, wenns dir beliebt, ihn dir vorführen zu lassen, damit er vor dir über Obiges Rechenschaft ablege."

„Tanomieus[2] 30 Jahre alt, mit einer Narbe am rechten Hüftgelenk"; folgt das Datum. (24. Jan. 211 n. Chr.).

Bei einer grossen Zahl der beim Strategen oder Centurio eingereichten Anzeigen handelt es sich einfach um Diebstahl. So klagt (in Nr. 467) eine Frau Soëris, schon früher habe sie, da sie damals krank gewesen, durch ihren Sklaven Anzeige erstatten lassen, dass ein gew. Satabus ihr 3 Kamele gestohlen. Als der Dieb den Befehl zur Rückgabe des Gestohlenen erhalten, sei er einfach auf und davon gegangen. Anscheinend würde die Frau auch jetzt nicht versuchen, die Tiere wieder zu bekommen, wenn diese nicht auf der Steuerliste unter ihrem Namen ständen, und sie für dieselben zur Steuer herangezogen zu werden fürchten müsste.

Aus dieser und aus der oben zuerst besprochenen wie auch noch aus anderen Klagen können wir deutlich ersehen, dass die polizeiliche Behörde des Dorfes, wenigstens die untere, aus Einheimischen be-

---

[1] B. G. U. Nr. 98.

[2] Die Namensunterschrift ist hier gleichfalls von der Hand des Schreibers geschrieben. Meistens fehlt sie ganz.

stehende[1], ihre Aufgabe etwas leicht nahm: In Nr. 321 war den Dieben befohlen worden, das Quantum Getreide zurück zu liefern: Die Diebe kümmern sich absolut nicht um diesen Befehl, und der Bestohlene hält es für ratsamer, sich an die höheren Behörden zu wenden. Auch in dem eben besprochenen Falle haben die Polizisten es nicht fertig gebracht, den Befehl auszuführen.

In der folgenden Beschwerde ist sogar einer der Sicherheitspolizisten der Verbrecher. Diese Klage (Nr. 22) ist an den Strategen gerichtet von der Gemüseverkäuferin Tarmuthis: Sie ist krank und allein, da ihr Mann verreist ist. Da kommt die Frau eines Dorfpolizisten namens Ammonius zu ihr, fängt Streit an, zerreist ihr die Kleider und nimmt ihr den Erlös des Marktes, 16 Drachmen, fort. Doch das ist noch nicht alles. Am nächsten Tage erscheint auch noch der Mann der Diebin, der Dorfpolizist selbst, giebt sich den Anschein, als suche er den Mann der Tarmuthis, geht mit einem Licht in den oberen Stock und stiehlt hier ein Paar silberne Armbänder im Werte von 40 Drachmen.

Diese an den Strategen gerichtete Anzeige schliesst ausnahmsweise mit der Bitte, die sonst stets nur an den Centurio gerichtet wird, nämlich den Thäter sich vorführen zu lassen. Von gerichtlichen Schritten (ἐν καταχωρισμῷ γενέσθαι) ist noch nichts gesagt.

Ein ebenso wenig vorteilhaftes Licht wirft die folgende Beschwerde[2] auf die aus Einheimischen zusammengesetzte Dorfbehörde der Steuererheber. Der Kläger, von dem diese die Naturaliensteuer einzuziehen hatten, musste ihnen, wie dies unendlich oft geschah, einen kleinen Bruchteil des zu entrichtenden Getreidemaasses (1 Artabe) vorläufig schuldig bleiben. „Wegen dieser fehlenden einen Artabe nun“ drangen, während der Kläger auf dem Felde war, die 2 Steuererheber sammt ihrem Schreiber und einem Diener in das Haus des Klägers, beraubten seine sich dort aufhaltende Mutter und prügelten sie krank!

Der Hang zur Gewaltthätigkeit ist ja überhaupt ein Charakteristicum des Ägypters. In dem eben besprochenen Falle prügelten die Gläubiger den Schuldner. Öfter ist der Spiess umgedreht und die Schuldner misshandeln den Gläubiger, anstatt ihn auszuzahlen. So ist es in einer Klagschrift[3], die ein „Priester“ beim Centurionen einreicht: Drei Männer, die er bei Namen nennt, schulden ihm eine

[1] Sie wurden von den römischen Behörden auf ein Jahr dazu bestimmt.

[2] B. G. U. Nr. 515.

[3] B. G. U. Nr. 36. Ein Duplikat davon ist Nr. 436.

Summe Geldes; sie „denken aber nicht daran, es mir wiederzugeben, sondern überfielen mich und begingen nicht gerade den kleinsten Frevel an mir". Sie misshandeln ihn, zerschlagen sein Gerät und stellen ihm in Aussicht, ihn einmal überhaupt „vom Leben zum Tode befördern zu wollen" (τοῦ ζῆν μεταστῆσαι).

Ähnlich ist es in einem der Genfer Papyri[1]:

Ein Priester hat vier Menschen zu Erben seines Nachlasses — der anscheinend lediglich in einem Vorrat Getreide besteht — eingesetzt und zwar seine beiden Söhne Pabûs und Harpalos, einen gew. Stotoëtis, sowie eine Frau Tanephrommis. Letztere Beiden machen sich nun gelegentlich daran, die Siegel, unter denen die Getreidebestände aufbewahrt sind, zu erbrechen, um das Korn dann einfach verschwinden zu lassen. „Wie wir nun eben plötzlich dazukamen und das Geschehene sahen, da fiel Stotoëtis, auf seine Kraft vertrauend, über uns her und brachte uns nicht gerade die geringsten Schläge bei".

Verhältnismässig am harmlosesten sind die Eingaben, zu denen einfach Getreidediebstahl oder Ackerbeschädigung die Veranlassung gegeben hat. In einer derselben[2], an den Centurio gerichtet, kennen die Kläger die Diebe nicht. Sie schliessen deshalb: „So mache ich diese Eingabe und bitte, die Nachforschung durch die zuständige Behörde anstellen zu lassen. Gleichzeitig bitte ich aber auch zu gestatten, dass **wir** uns das Gestohlene wieder aneignen".

Das Vertrauen zu den Behörden ist eben nicht gross, und das können wir nach den oben gemachten Erfahrungen recht gut begreifen. Auch in einer andern[3] Klagschrift, in der der Bauer beim Strategen meldet, dass ihm „in der Nacht vom 17. zum 18. Mai aus seiner Hürde vier der schönsten Esel, zwei schwarze und zwei weisse, gestohlen seien", macht er in der offiziellen Schlussformel den Zusatz: „Ich aber suche das gestohlene Vieh, wo ich nur kann, damit ich es, wenn ich das Glück habe, es zu finden, gleich mit mir nehmen kann". Drollig macht sich dazu der offizielle Schluss: „damit ich deiner Wohlthat, o Herr, und deiner Hilfe teilhaftig werde".

Bezeichnend ist auch der Zusatz zu einer Eingabe, in der Valerius Apollinaris dem Centurio meldet, dass man in vergangener Nacht versucht habe, eine auf seinem Gehöfte befindliche (öffentliche) μηχανή (wohl ein Raum zur Aufbewahrung fiscalischer Getreidevorräte) zu erbrechen. Er habe es schon den öffentlichen dörfischen Sicher-

[1] Papyrus de Genève, publiés par Jules Nicole. Nr. 3.
[2] B. G. U. Nr. 454.
[3] B. G. U. Nr. 46.

heitsbehörden mitgeteilt, er melde es nun aber vorsichtshalber auch dem Centurio, damit er nicht etwa ihn selbst aus Verdacht verhaften lasse.

So kurz und sachlich gehalten, wie die grösste Mehrzahl dieser libelli ist, indem — unter Beobachtung der offiziellen Form — gleich in medias res übergegangen wird, ebenso deutlich verrät eine der Beschwerden[1], dass sie eine weibliche Verfasserin hat. Nach der Adresse beginnt sie: „Deine Menschenfreundlichkeit gegen Jedermann, o Herr, ist ja zur Genüge bekannt. So hoffe denn auch ich, eine hilflose Wittwe, deine Menschenfreundlichkeit geniessen zu können. Die Sache ist nämlich die folgende:" Hier bricht nun leider unser Papyrus ab.

Ein Monstrum von Stil liefert aber die folgende Eingabe[2] der Frau Tabûs: „Da ich viel Streit habe gegen meinen leiblichen Bruder Satabûs, bitte ich, indem ich Vorteil zu ziehen suche aus dem sich in allen seinen Handlungen bethätigenden Gerechtigkeitssinne unsers hochedlen Vizekönigs Pompejus Planta, bezüglich seiner" (d. h. des Bruders) „Bosheit, mittels derer er, indem er sich in Verbindung setzte mit Harpagathes, dem Sohn meines anderen, verstorbenen Bruders Herieus, sich des ganzen Nachlasses unserer Mutter Tesēs bemächtigte, diese Eingabe zu Protokoll zu nehmen, und eine Abschrift davon durch einen deiner Boten dem Satabus zustellen zu lassen, damit er wisse, dass er sich einzufinden hat, wenn der hochedle Praefect die Gerichtssitzung im Gaue abhält, damit ich deiner Hilfe teilhaftig werde". — Ein Satz von 18 Zeilen Länge, in welchem noch dazu die eigentlich wichtige und zu berichtende Thatsache in einen schwer herauszufindenden Nebensatz eingeschachtelt ist.

Unter dem Ganzen ist mit einer anderen, dem Secretariat des Strategenamtes entstammenden Hand vermerkt: „Wurde übergeben durch den Diener Ammonius", d. h. ein Duplikat der Anzeige ist dem Angeklagten zugestellt.

Gering war das Vertrauen, das die gerichtlichen oder sonstigen Gaubehörden bei der Bevölkerung genossen. Das beweist uns auch eine kleine Anzahl von Beschwerden, die man, unter Umgehung der zuständigen Behörde, der Strategie, direkt an den Epistrategen, den nächst höheren Beamten richtete, wie Nr. 291 und 340[3]. In beiden Fällen sind die Kläger Frauen.

[1] B. G. U. Nr. 522.

[2] B. G. U. Nr. 226.

[3] Absehen will ich aber dabei von vielen Beschwerden, wie Nr. 168, 180, 195, 291, 340 und 462, die gleichfalls an den Epistrategen oder gar direkt an den Vizekönig

Das wichtigste für den Erfolg der Beschwerden wird meistens das schnelle Eingreifen des Centurionen gewesen sein. Berücksichtigte er, was vielleicht nicht immer geschehen sein mag, die eingereichte Denunziation, so erliess er einen Verhaftsbefehl, niedergeschrieben auf einen Papyrusfetzen, wie sie uns mehrfach erhalten sind, und der ungefähr, wie Nr. 374, lautete:

„An die Oberaufseher (ἀρχέφοδοι) des Dorfes Karanis. Schafft mir aus diesem (Dorfe) herbei den (Name ist ausgebrochen), Sohn des Didymos, sowie seine Frau Tamaron, die von Aurelius Severus, dem Sohne des Sarapion, angeklagt sind".

Die Beamten, die den kurzgehaltenen Auftrag erhalten, sind teils die ἀρχέφοδοι des Dorfes, teils ausser den ἀρχέφοδοι noch die εὐσχήμονες oder πρεσβύτεροι, teils auch, aber anscheinend später erst, die κωμάρχαι. Alles dies sind öffentliche Ämter, zu deren unentgeltlicher Ableistung die Bewohner, wenn sie die Auswahl der Behörden traf, verpflichtet waren, z. T. sogar unter Stellung einer Caution, und meist auf die Dauer von 1 Jahr. Aber die Behörde musste diesen subalternen, einheimischen Sicherheitsbeamten bisweilen noch Hilfskräfte beigeben, die den bezeichnenden Titel „ληστοπιασταί" (Diebesfänger) führten. In einer Liste[1] sind sie bei Namen genannt, und es wird ihnen befohlen, die Dorfbehörden beim Aufsuchen der Diebe zu unterstützen; wenn sie aber „ihre Pflicht vernachlässigen, sollen sie gefesselt zu unserm hochedlen Vizekönig gebracht werden". — Wie berechtigt diese Drohung des Beamten gewesen sein muss, darüber haben uns mehrere der Urkunden ja belehrt.

gerichtet sind; die Kläger sind in diesen nämlich durchgängig römische Veteranen, und vielleicht war es ein Vorrecht dieser, sich direkt an die römischen höheren Beamten zu wenden.

[1] B. G. U. Nr. 325.

Miscellanea Coptica.

Von

Oscar von Lemm.

1. Unter den alten koptischen Imperativformen giebt es eine, die bis jetzt im Sahidischen nur im Plural und zwar als ἅπαξ λεγόμενον aus der Pistis Sophia (290) belegt ist; ich meine ⲙⲙⲏⲉⲓⲧⲛ in der Bedeutung „nehmt! da habt ihr!“ Die entsprechenden boheir. Formen sind bekanntlich Sg. ⲙⲟ, Plur. ⲙⲱⲓⲛⲓ.

Es ist mir nun gelungen den Singular zu ⲙⲙⲏⲉⲓⲧⲛ zu finden, den ich aus einem veröffentlichten und einem unveröffentlichten Texte mehrfach belegen kann. Die Form lautet ⲙ̄ⲙⲟ und findet sich zunächst in dem Martyrium des Apa Dios (ⲣ̄ⲓⲛ̄) in einem alten Turiner Papyruscodex[1]. Die Stelle lautet: ⲁϥϥⲓ ⲛ̄ⲧⲉϥⲍⲱⲛⲏ ⲁϥⲛⲟϫⲥ̄ ⲉϩⲣⲁï ⲙ̄ⲡⲉⲙⲧⲟ ⲉⲃⲟⲗ ⲙ̄ⲡⲣ̄ⲣⲟ' ⲉϥϫⲱ ⲙ̄ⲙⲟⲥ ϫⲉ ⲙ̄ⲙⲟ' ⲡⲉⲕϩⲱⲕ ⲡⲁⲛⲟⲙⲟⲥ ⲡ̄ⲣ̄ⲣⲟ', „Er löste seinen Gürtel und warf ihn vor den König hin und sprach: Da hast du deinen Gürtel, du gottloser König!“

Ausserdem fand ich die Form noch an zwei Stellen des Martyriums des heiligen Victors in einer von Tischendorf stammenden Handschrift der kaiserl. öffentl. Bibliothek zu St. Petersburg. Die eine Stelle lautet: (pag. ⲡ̄ⲃ̄, b.) (ⲡ̄ⲣ̄ⲣⲟ) ⲁϥⲙⲟⲩⲧ[ⲉ ⲉ̄]ϩⲣⲱⲙⲁⲛⲟⲥ ⲡ[ⲉ]ⲥⲧⲣⲁⲧⲏⲗⲁⲧ[ⲏⲥ] ⲡⲉϫⲁϥ ⲛⲁϥ [ϫⲉ ⲙ̄]ⲙⲟ ⲡⲇⲓ̈ⲁ̄ⲧⲁⲅⲙⲁ. ⲙⲁⲣⲉ ⲡ[ⲕⲉ]ⲥⲉⲉⲡⲉ ⲛ̄ⲣⲱ[ⲙⲉ] ⲟⲩⲥⲓⲁ̄ⲍⲉ ⲙ̄ⲡ[ⲁⲧⲉ]ⲕⲁ̄ⲛⲁⲭⲱⲣⲉⲓ ϩⲱⲱⲕ. „(Der König) rief den Oberbefehlshaber Romanus und sprach zu ihm: Nimm den Befehl! Mögen die übrigen Leute opfern, solange du dich selbst nicht entfernt hast.“

An der anderen Stelle sagt der heilige Victor zum Comes (pag. ⲣ̄ⲅ̄): ⲁⲕⲡⲁⲣⲁⲕⲁⲗⲉⲓ ⲙ̄ⲡⲁⲉⲓⲱⲧ ϫⲉ [ⲙ̄]ⲙⲟ ϣⲟⲙⲛ̄ⲧ ⲛ̄ⲕⲉⲛⲧⲏⲛⲁ[ⲣⲓⲟⲛ] ⲛ̄ⲛⲟⲩⲃ „Du batst meinen Vater also: Nimm drei Centenarien Gold!“

---

[1] Rossi, Un nuovo codice Copto del museo di Torino (Atti della Accademia dei Lincei 1893) p. 89.

Die Form ⲙ̄ⲙⲟ war mir aus dem letztgenannten Martyrium schon längst bekannt und an der Bedeutung derselben zweifelte ich keinen Augenblick, doch wagte ich nicht damit an die Öffentlichkeit zu treten, da die betreffenden zwei Stellen des Textes etwas lädiert sind und ich in der Lesung noch etwas schwankte, weshalb ich erst noch weitere Belege abwarten wollte; ein solcher fand sich nun in dem oben erwähnten Martyrium des Apa Dios, wodurch die Lesung an den zwei Stellen des Martyriums des heiligen Victors auch genau festgestellt werden konnte.

Noch an einer dritten Stelle des eben genannten Martyriums scheint ⲙ̄ⲙⲟ gestanden zu haben, wo es wohl nur durch ein Versehen des Schreibers ausgefallen ist. Der h. Victor betet und spricht dabei (ϥ): ⲕⲟⲛⲱ̄ⲣⲉⲓ̈ ⲱ̄ ⲡⲁⲛⲟⲩⲧⲉ ⲛ̄ⲛⲉⲧⲟⲩⲉⲓⲣⲉ ⲙ̄ⲙⲟⲟⲩ ⲛⲁⲓ̈. ϩⲱⲥⲧⲉ ⲛ̄ⲥⲉϫⲟⲟⲥ ⲛⲁⲓ̈ ϫⲉ ⲙⲁⲁⲃ ⲛ̄ⲕⲉⲛⲧⲏⲛⲁⲣⲓⲟⲛ ⲛ̄ⲛⲟⲩⲃ ⲛ̄ⲅ̄ⲁⲣⲛⲁ ⲙ̄ⲡⲛⲟⲩⲧⲉ ⲛ̄ⲧⲁϥⲧⲁⲙⲓⲟⲕ „Du siehst, o mein Gott, was sie mir thun, wie sie zu mir sprechen: Dreissig Centenarien Gold und verleugne den Gott, der dich geschaffen hat.“ Hier hat vor ⲙⲁⲁⲃ zweifellos noch ⲙ̄ⲙⲟ gestanden.

2. In meinen „Kopt. Fragmenten zur Patriarchengeschichte Alexandriens“ vermutete ich, dass das in Fragm. P. 2. Av. b. befindliche lückenhafte ... ⲭⲓⲟⲥ ⲡⲉ ... ⲕⲟⲡⲟⲥ zu ⲉⲩⲥⲧⲟⲭⲓⲟⲥ ⲡⲉⲡⲓⲥⲕⲟⲡⲟⲥ zu ergänzen sei (l. l. pag. 15). Ferner glaubte ich, dass hier von einem Bischof von Joppe die Rede sei, da in einer Bischofsliste aus der Zeit des Athanasius (l. l. pag. 32) sich ein ⲉⲩⲥⲧⲟⲭⲓⲟⲥ ϩⲙ̄ ⲓ̈ⲟⲩⲡⲏⲏ aufgeführt fand.

Heute bin ich in der Lage, meine damals ausgesprochene Vermutung dahin zu verbessern, dass wir es hier nicht mit einem Bischofe Eustochius von Joppe, sondern vielmehr mit einem Erzbischofe Eustochius von Antiochien zu thun haben.

Bei meinem diesjährigen Aufenthalte in Turin fand ich ein kleines Papyrusfragment, das zur selben Handschrift gehört, wie die „Frammenti d'una vita di S. Atanasio“, das aber von Rossi übersehen worden ist. Daselbst heisst es unter Anderem:

ⲁⲩⲥϩⲁⲓ̈ ⲛ̄ⲟⲩ	„Sie schrieben
ⲁⲛⲁⲫⲟⲣⲁ ⲉ	einen Bericht
ⲣⲁⲧϥ̄ ⲙ̄ⲡⲉⲩ	an Eustochius
ⲥⲧⲟⲭⲓⲟⲥ	den Erzbischof
ⲡⲁⲣⲭⲓⲉⲡⲓⲥ	von Antiochien
ⲕⲟⲡⲟⲥ ⲛ̄ⲁⲛ	und Ju[lius]
ⲧⲓⲟⲭⲓⲁ ⲙⲛ̄ ⲓ̈ⲟⲩ	. . . . .

Das ϊⲟⲩ am Schlusse des Fragments ist vermutlich zu ϊⲟⲩⲗⲓⲟⲥ zu ergänzen; wohl auch der Name eines Bischofs oder Erzbischofs damaliger Zeit.

3. In einem unveröffentlichten Fragmente der sahid. Apophthegmata patrum im Besitze Golenischeff's wird uns von Makarius dem Grossen berichtet, wie er sich einmal auf dem Wege von Schihêt nach Terenuthis befand und unterwegs in ein altes Grabdenkmal hineinging, um dort zu nächtigen. Es befanden sich aber daselbst heidnische Leichname. ⲁⲩⲱ ⲁϥϫⲓ ⲛⲟⲩⲁ ⲁϥⲕⲁⲁϥ ϩⲁ ⲧⲉϥⲁⲡⲉ ⲛⲑⲉ ⲛⲟⲩⲟⲩⲗⲱⲙ. „Und er nahm einen und legte ihn unter seinen Kopf wie ein Kissen.“ Das von mir mit „Kissen“ übersetzte ⲟⲩⲗⲱⲙ ist meines Wissens bisher noch nicht belegt. In der boheir. Vita des Makarius (Zoëga 124), wo uns dieselbe Geschichte erzählt wird, entspricht demselben ⲙⲣⲱⲙ. Dem Zusammenhange nach dürfte hier in beiden Fällen die Bedeutung „Kissen, Polster“ passen, wie denn auch Zoëga ⲙⲣⲱⲙ durch „pulvillus“ wiedergiebt und in der lateinischen Übersetzung des Pelagius [1] unserem ⲟⲩⲗⲱⲙ ein „plumatium de scirpo“ entspricht. Der griech. Text der Apophthegmata patrum hat an entsprechender Stelle ἐμβρίμιον [2], das sowohl Peyron [3], wie auch Cotelier [4] und Bischof Bsciai [5] als ein Fremdwort auffassen. Die beiden letzteren halten es — wohl mit Recht — für ein corrumpiertes ⲙⲣⲱⲙ. An einer anderen Stelle der sahidischen Apophthegmata patrum kommt ein Wort ⲣⲱⲙ [6] vor, wofür Pelagius „sedile de scirpo, quod in modum fascis erat ligatum“ [7] bietet, die griech. AA. PP. dagegen ἐμβρίμιν [8] lesen. Als dritte griech. Form findet sich ἐμβρύμιον [9]. Die Ableitung des griech. ἐμβρίμιον von ⲙ̀ⲣⲱⲙ gewinnt an Wahrscheinlichkeit noch dadurch, dass im Koptischen zwischen ⲙ und ⲣ häufig ein ⲃ tritt [10], so dass neben ⲙ̀ⲣⲱⲙ sehr gut noch eine Form *ⲙ̀ⲃⲣⲱⲙ bestanden haben kann, wenn eine solche auch bisher nicht zu belegen ist. Übrigens kann der B-laut auch erst im Griechischen eingeschoben worden sein.

---

[1] Rosweyde, Vitae patrum V, 7, 10. (Migne, Patrol. lat. 73.) [2] Migne, Patrol. graeca 65,268. ιγ'. Cotelerius, Mon. eccl. gr. I, 535. XIII. [3] Lexicon s. v. ⲙⲣⲱⲙ.

[4] L. l. I, 806. „Vox obscurae originis, orientalis forte.“ [5] Aegypt. Zeitschr. XXIV. (1886), 101. [6] Zoëga p. 314. [7] Migne, Patrol. lat. 73. V, 18,3. [8] Migne, Patrol. gr. 65,156. ζ'. — ἐμβρίμιν neben ἐμβρίμιον, wie πάλλιν (kopt. ⲃⲁⲗⲗⲓⲛ) neben πάλλιον. [9] Vita Euthymii (Coteler. Mon. eccl. gr. II, 276, c.) ἡ στρωμνὴ δὲ τί ἕτερον, ἢ ψίαθος, καὶ ἃ κεντώνιόν τε καὶ ἐμβρύμιον συνήθως καλοῦσι; ἐμβρίμιον ist auch ins Lateinische übergegangen als embrimium und findet sich bei Cassianus (Migne, Patrol. lat. 49, 522. a.): „iisdem ipsis quibus insidebamus, psiathis admonens incubare, embrimiis pariter capiti nostro cervicalium vice suppositis.“ Der Commentator Alardus Gazaeus bezeichnet daselbst „embrimium“ als ein „vocabulum barbarum.“ [10] Vergl. ⲑⲙⲃⲣⲱ neben ⲑⲙⲣⲱ; ⲙⲣⲓⲥ S. neben ⲟⲙⲃⲣⲓⲥ, ⲙⲃⲣⲓⲥ B. u. a.

Wichtig ist hier noch eine Stelle aus der Vita S. Antonii[1], Der h. Antonius erzählt uns dort selbst: ⲁⲓⲱⲗⲓ ⲛϯⲕⲟⲗⲟⲃⲓ ⲛⲉⲙ ϯⲙⲁⲣ ⲛⲙⲟⲛⲁϩ ⲛⲉⲙ ϯⲭⲗⲁϥⲧ ⲁⲓϩⲓⲧⲟⲩ ⲉϫⲉⲛ ⲟⲩⲣⲱⲙ „Ich nahm die Mönchskutte, den Gurt und die Mönchskappe und legte sie einer Puppe an.“ Darauf stellte der h. Antonius diese als Mönch kostümierte Puppe hin und in kurzer Zeit sah er, wie die Dämonen nach derselben Pfeile schleuderten. Antonius erzählt dann weiter: ⲡⲉϫⲏⲓ ⲛⲱⲟⲩ ⲱ ⲛⲓⲡ̅ⲛ̅ⲁ̅ ⲉⲧϩⲱⲟⲩ ⲟⲩ ⲡⲉ ⲫⲁⲓ ⲉⲣⲉⲧⲉⲛⲓⲣⲓ ⲙⲙⲟϥ ⲟⲩⲣⲱⲙⲓ ⲅⲁⲣ ⲁⲛ ⲡⲉ ⲁⲗⲗⲁ ⲟⲩⲉⲙⲣⲱⲙ ⲡⲉ. „Ich sprach zu ihnen: O ihr bösen Geister! Was thut ihr da? Dies ist ja kein Mensch, sondern eine Puppe (Strohmann).“ Wir haben hier dicht neben einander ⲣⲱⲙ und ⲉⲙⲣⲱⲙ.

Das von Zoëga p. 314 zu ⲣⲱⲙ zum Vergleiche mit herangezogene boh. ⲉⲣⲟⲙ ⲛϩⲏⲙⲓ kommt nicht in Betracht, da es auf einer falschen Lesung beruht; es ist dort ⲥⲣⲟⲙ ⲛϩⲏⲙⲓ zu lesen[2]. Ob das von Bsciai angeführte unerklärte ⲟⲩⲣⲱⲙ und das von Kircher als „navis alta“ gedeutete ⲙⲣⲱⲙ hierher gehören, lasse ich fürs erste dahingestellt sein.

Wir hätten also folgende Formen: sah. ⲟⲩⲗⲱⲙ, ⲣⲱⲙ; boh. ⲙⲣⲱⲙ, ⲉⲙⲣⲱⲙ und ⲣⲱⲙ. Das ⲗ in ⲟⲩⲗⲱⲙ ist natürlich dialektische Eigentümlichkeit, so dass wir neben ⲣⲱⲙ eine Form *ⲟⲩⲣⲱⲙ annehmen dürfen. Sah. *ⲟⲩⲣⲱⲙ verhält sich zu boh. ⲙ̀ⲣⲱⲙ wie ⲕⲟⲩⲕⲙ̄ zu ⲕⲉⲙⲕⲉⲙ. Die sah. Form ⲣⲱⲙ lässt sich durch Abfall des ⲟⲩ erklären, das als unbestimmter Artikel aufgefasst worden ist.

Was die Bedeutung von ⲣⲱⲙ etc. betrifft, so gehen aus den angeführten Stellen zweifellos folgende Bedeutungen hervor: Flechtwerk von Stroh, Matte, Kissen, Polster, dann schliesslich auch Strohmann, Puppe.

---

[1] Cod. Copt. Vat. 64 in Annales du Musée Guimet 25, pag. 40. [2] Histoire du patriarche copte Isaac par Amélineau. Paris, 1890. pag. 37.

Mentone, den 28. November 1896.

Kambyses in der Sage, Litteratur und Kunst des Mittelalters.

Von

Arthur Lincke.

Beschäftigt man sich etwas eingehender mit der Litteratur und Kunst des Mittelalters und der nächsten Jahrhunderte, so bemerkt man bald die Thatsache, dass auch die gebildeten Kreise jener Geschichtsperiode dem Morgenlande und der Geschichte desselben ein lebhaftes und warmes Interesse entgegenbrachten. Schon die Bibel lenkte unausgesetzt die Aufmerksamkeit aller Gebildeten Europa's auf das heilige Land und die Völker, welche mit Palästina und dessen Bewohnern jemals in Berührung kamen. Dieses schon an und für sich grosse Interesse wurde später durch die Kreuzzüge, die Pilgerfahrten und die sonstigen — ziemlich zahlreichen — Reisen der Abendländer nach dem fernen Osten immer mehr und mehr gesteigert; so wurden denn auch die von den morgenländischen Völkern erzählenden Klassiker, als sie wieder aufgefunden und allgemein zugänglich gemacht worden waren, überall mit grösster Begierde studiert. Man dehnte die Geschichtschreibung auch auf den alten Orient aus, wobei man damals freilich Alles nach den eignen, oft höchst naiven Anschauungen und Sitten beurteilte. Ausserordentlich zahlreich sind die orientalischen Elemente auch in der schönen Litteratur des Mittelalters; man liebte es auch, seinen Ursprung aus dem Osten herzuleiten, wie z. B. die Friesen aus Indien, die Baiern aus Armenien stammen sollten[1]. Eine Hauptrolle in der Litteratur jener Zeit spielte bekanntlich Alexander der Grosse, dann aber auch Salomo, die Königin Dido, Nectanebus und vor allem Nebukadrezar. Namentlich der

---

[1] Röhricht „Beiträge z. G. der Kreuzzüge" II p. 396.

Letztere beschäftigte die Phantasie der mittelalterlichen Erzähler und Dichter des Abend- und auch des Morgenlandes in höchstem Grade; er erschien den Menschen der damaligen Zeit in düstersten Lichte und galt ihnen (wie Nimrod) als Repräsentant des Hochmutes und der sinnlosesten Selbstüberhebung, als ruchloser Zauberer. Er soll nach der Sage die flüchtigen Tyrier (die Belagerung von Tyros dauerte von 585—573 v. Chr.; Meyer G. d. A. I SS. 496) bis nach Spanien verfolgt und sie sodann zugleich mit den gefangenen Iberern in Kolchis und Armenien angesiedelt haben[1]. Wolfram von Eschenbach[2] sagt von ihm:

„der on trugelîchen buochen las
er solte selbe sin ein got",

und Rabelais nennt ihn in seinem „Gargantua und Pantagruel"[3] neben Lykaon und Bellerophon einen „Wärwolf und Kobolt." Es wäre wünschenswert, dass einmal ein auch orientalistisch gebildeter Litterarhistoriker eine zusammenfassende Monographie „Nebukadrezar in der Sage und Kunst des Mittelalters", wobei auch orientalische Quellen zu berücksichtigen wären (s. Lang in ZDMG. Bd. 41, p. 245 f. „Mutadid als Prinz u. Regent"; siehe auch die Sage bei Kampers „die deutsche Kaiseridee in Prophetie u. Sage" 1896, p. 177 Anm. 32) verfasste; Stoff zu einer solchen ist reichlich vorhanden. So ist es denn auch von äusserstem Interesse, die Beurteilung zu verfolgen und beobachten, welcher die Mitglieder des stolzen Herrscherhauses der Achämeniden in der abendländischen Litteratur jener Epoche unterworfen wurden. Sehr günstig dachte man von Cyrus; so heisst es z. B. in der Weltchronik von Carion und Melanchthon (Prima pars Chronici — Carionis latine expositi et aucti — a Philippo Melanchthone (Wittenberg 1564) Liber II, Bd. I p. 72) von ihm: „(quanquam) Deum recte invocavit et fuit verae ecclesiae membrum ac haeres vitae aeternae, didicerat enim a Daniele veram doctrinam." Xerxes wird von Dante in seinem „Paradies," der daselbst auch die Perser den Königen seiner Zeit als Muster entgegenhält, als Repräsentant des Kriegerstandes bezeichnet[4]; in der „Comedie Judicium Paridis" von unserem Hans Sachs[5] kommen Cyrus und Xerxes zusammen vor. Auch Darius I. und III.

[1] Monnier: „Traditions populaires comparées" p. 492. s. Megasthenes b Josephus c. Apionem I c. 20.

[2] Parsival ed. Bartsch II. Buch Vers 1301 f.

[3] ed. Regis, Bd. I p. 369, Buch III cap. 3. Siehe über N. auch Wesselofsky „d. Sage vom babylonischen Reich" in Jagić's Archiv f. slavische Philologie" II 129 ff., 308 ff.

[4] „Paradiso" (Übers. von Philalethes), Gesang 19, Vers 112 u. 8. Gesang Vers 124.

[5] Sämtliche Werke v. A. v. Keller Bd. 7, p. 51 ff.

spielen in der mittelalterlichen Erzählungslitteratur eine Rolle; so wird im 39. Märchen des Giambattista Basile („d. Pentamerone oder das Märchen aller Märchen" deutsch v. P. Liebrecht, 1846 Bd. II p. 121) einem Bettler die bekannte Geschichte, wie Darius durch die List des Oibares König wird (Herodot III 85 f.), in den Mund gelegt. Wie sehr der altpersische Hof auch weitere Kreise interessierte, beweist ja auch der im 3. Buche Esra erzählte Wettstreit der 3 Pagen des Darius; auch die klassischen Schriftsteller, wie Platon Lysis 8, p. 221 E. und Seneca Epistol. 119, rühmten den Reichtum des Darius und der Perser überhaupt und auch die kirchlichen Autoren verglichen ihn in Bezug auf seine Schätze mit dem Lyderkönige Kroisos. So ist es denn nicht wunderbar, dass in mittelalterlichen europäischen Sagen von geheimnisvollen unterirdischen Schätzen des Königs Darius die Rede ist[1]. Der Feldzug dieses persischen Königs gegen die Skythen war ja ziemlich bekannt und wird auch von Aventinus in seiner Bairischen Chronik (Münchner Ausgabe Bd. IV, 1, p. 292 u. 307) erzählt. Man glaubt daher in Siebenbürgen, wie Fr. Müller in seinem Buche „Siebenbürgische Sagen" (² 1885, no. 124, 125, 126) berichtet, dass bei Hamlesch, auf der Sattelburg und in der Burg von Saczor Schätze verborgen liegen, welche der Grosskönig auf seinem Skythenzuge vergraben habe. Nur 6 Hermannstädter Bürger kannten den Aufbewahrungsort dieser Kostbarkeiten und holten sich alljährlich einen Teil davon; durch das Testament des letzten derselben soll das Geheimnis bekannt geworden sein. Man musste, um zu dem Schatze zu gelangen, mit Lebensgefahr zwei Thüren passieren. Die zweite, vor der zwei silberne Löwen lagen, führte in einen Saal, wo an einem Tische König Darius (aus gediegenem Golde bestehend) und 12 von ihm besiegte Könige (aus Silber) sassen; im Nebensaale befand sich die Königin mit 12 Hofdamen, sämtlich aus Silber, und im Keller lagen 24 mit Münzen aus Gold und Silber angefüllte Fässer. Damit steht die Mitteilung A. Hermann's in seinem Aufsatze „der volkstümliche Kalenderglaube in Ungarn"[2] in Einklang, dass in Görgeny „der Schatz des Darius dort vergraben sei; wohin am Johannistage der erste Strahl der aufgehenden Sonne fällt." Ob das von dem Schüler Chaucer's Thomas Occleve[3] († c. 1450) verfasste Märchen

[1] S. auch Appian's Bericht von den in Talaura erbeuteten Schätzen des Darius (Mithrid. Kap. 115 u. 116). D. galt ja auch als geizig (κάπηλος Herodot III 89), s. Julian 2. Rede b. Hertlein I p. 109 f.

[2] Zeitschr. d. V. f. Volkskunde (Berlin) 1894, p. 402.

[3] s. Paul „Grundriss d. german. Philologie" II 1, p. 688.

„Darius und dessen magisches Vermächtnis“ sich auf Darius I. oder Darius III. bezieht, vermag ich nicht zu sagen, da es mir nicht zugänglich ist; die Stoffe dieses englischen Dichter's sind nach R. Wülker[1] meistens den „Gestis Romanorum“ und dem Schachbuch des Jacobus de Cessolis entlehnt. Das Stück des viel später, noch im 18. Jahrhundert lebenden John Crowne „Darius“ wird wohl das Schicksal Darius III. behandeln[2]. Wenn in Shakespeare's „Heinrich VI“ (Teil I, Akt I, Szene 6) der Dauphin Charles verspricht:

"A statelier pyramid to her (d. h. d. Joan la Pucelle) I'll rear
Than Rhodope's or Memphis's ever was;
In memory of her when she is dead,
Her ashes, in *an urn more precious*
Than the rich jewell'd coffer of Darius,
Transported shall be at high festivals
Before the kings and queens of France"

so sind hier zweifellos, wie George Puttenham („The Arte of English Poesie“ 1589) angiebt[3], Darius III. und das Kästchen gemeint, in welchem Alexander der Grosse sein Exemplar des göttlichen Homeros während seiner Feldzüge aufbewahrte. —

Wenden wir uns nun dem Sohne des Kyros zu, so ist es unleugbar, dass die grosse geschichtliche Bedeutung der Gestalt des Kambyses in jener Epoche, mit der wir uns hier beschäftigen, in keiner Weise erkannt worden ist. Das ganze Mittelalter und die neuere Zeit betrachtete diesen Fürsten, wie den Nebukadrezar, als einen Erzbösewicht und blutigen Tyrannen. Übrigens ist Kambyses noch heute im Nilthale unpopulär und verhasst; der ägyptische Dichter Ahmed Chawki beklagt in seinem historischen dem Genfer Orientalistenkongresse vom J. 1894 vorgelegten Gedichte über die Schicksale Ägyptens[4], dass Kambyses überhaupt in der Geschichte aufgetreten und für das noch heute auf der „schwarzen Erde“ lastende Unglück verantwortlich zu machen sei. Den Schriftstellern und den von ihnen abhängigen Künstlern war dieser gewaltige Achämenide hauptsächlich aus zwei Gründen wichtig, nämlich zunächst weil diese Autoren, die ja vor Allem von kirchlich-religiösen Prinzipien geleitet wurden, glaubten der persische König habe den Israeliten den Wiederaufbau

---

[1] „Geschichte d. engl. Literatur“ (1896) p. 171.

[2] Wülker l. l. p. 358.

[3] Ich verdanke diese Nachricht der gütigen Mitteilung der hier in Dresden lebenden Miss Maude Borton-Brown, cf. Plutarch „Alex.“ Cap. 8 u. 26.

[4] Gaillardot „Revue d'Égypte“ (Le Caire 1894) I p. 470 ff., 476.

des Tempels verboten (sie stützten sich dabei besonders auf die Nachricht des Josephus Archäol. XI 2, 2 Didot) und er sei sodann identisch mit dem Nabuchodonosor des Buches Judith — schon Sulpicius Severus widerlegt dies II 14, 2 ed. Halm — und mit dem Ahasverus des Buches Esther[1]; zweitens aber interessieren sie sich auch für die Bestrafung des Sisamnes. Bezüglich Ägyptens sind sie sehr kurz und sagen meistens nur, dass Kambyses die Stadt Babylon daselbst gebaut habe[2]. So Petrus Comestor in seiner Historia Scholastica (Ausg. v. Venedig 1729), Otto von Freising in seiner Chronik (ed. Pertz II. Buch Kap. 15 f.), Gottfried von Viterbo, Frechulf (Bischof von Lisieux 823—851), Eike von Repgow in seinem Zeitbuch, Jean de Preis dit d'Outremeuse (geb. 1338) in seiner höchst interessanten Chronik („Ly myreur des Histors" Brüssel 1864), Hartmann Schedel in seiner Weltchronik vom Jahr 1493, Matthäus Westmonasteriensis („Flores historiarum" 1651 Frankfurt Kap. 1, p. 28) und Florentius Wigorniensis (in „Flores" p. 460 ff., 487) in ihren Weltgeschichten. Über den Tod des Kambyses gleiten fast alle diese Chronisten hinweg; desto ausführlicher behandeln die Meisten die Verschwörung der Magier und den Ausgang derselben. Die diesen Chroniken zu Grunde liegenden Quellen sind Josephus, Eusebius-Hieronymus, Jordanes, Augustinus „de civitate dei", Justinus, Orosius, Sueton etc.; Carion-Melanchthon in ihrem Geschichtswerke schliessen sich bei der Erzählung der Zeit des Kambyses auf das Engste an Herodot an. Leider kann ich hier nicht näher auf alle diese Chroniken eingehen, sondern muss mich auf einige Auszüge beschränken. Sehr interessant ist die Angabe des Petrus Comestor (p. 502 Hist. libri Judith). „Cambyses cumque reverteretur ab Aegypto aegrotabat, et ferebatur cervicibus Regum. Et mortuus est in Damasco." Über die Verschwörung der Mager sagt Comestor Folgendes (Cap. II p. 503: ex Josepho et aliis): „Post Cambysem unus de septem Magis, qui judicabant Regnum Persarum. Erineides nomine, obtinuit Regnum Persarum, ducens Panthaei(?) filiam Cambysae in uxorem, simulans se non velle sibi regnare, sed conservare Regnum Mergi fratri Cambysae, quia puer erat. Hunc tamen Mergum Cambyses prius occiderat in penetralibus templi, solo isto Erineide conscio hujus sacrilegii, et parricidii. Cumque post septem menses Regni sui moreretur Erineides, substituit sibi fratrem juvenem elegantem forma, et viribus, dicens, hunc esse Mergum Cyri filium, et Cambysae

[1] s. dazu auch Gelzer „S. Jul. Afrikanus" I p. 109 f.; Syncell. ed. Bonn I 448.

[2] Über Cherau-B. s. Dümichen G. d. alten Äg. p. 197 etc., Wiedemann „Ägypt. Geschichte" p. 676.

fratrem" etc. Frechulf[1] ist der Einzige, der von der Ermordung des Kambyses spricht; er giebt fast wörtlich den Bericht des Orosius (Histor. VI 8) wieder: „Idem namque Cambises, devicta Aegypto, cunctam religionem Aegypti abominatus, caerimonias ejus et templa deposuit. — Post quem duo fratres magni (= magi) regnaverunt annum unum, ut Josephus, alii vero menses septem eos regnasse ferunt. *Hi namque magi regnabant sub nomine regis sui quem occiderant.* Qui ausi regnum subripere, mox siquidem deprehensi et oppressi sunt" etc. Ausführlich bespricht Eike von Repgow[2] die Verschwörung der Magier; dies ist auch sehr begreiflich, denn das Geheimnisvolle hat die Menschen zu allen Zeiten gefesselt und zu den kühnsten Vermutungen veranlasst. Der lateinische Text — der deutsche ist an dieser Stelle abgebrochen — sagt: „Post Cambisen unus de VII magis, qui indicabant regnum Persarum Crymedes (Justin I 9 Gometes) regnum Persarum obtinuit, ducens Panthei (?) filiam Cambise in uxorem, simulans se non sibi velle regnare, sed conservare regnum Mengi fratri Cambise. Hunc tamen Mengi Cambises prius occiderat solo isto Crymede conscio (cf. Herod. III 61). Cumque post septem menses regni sui moreretur Crymedes, sustinuit sibi fratrem suum elegantem forma et viribus dicens hunc esse Mengi Cyri filium et fratrem Cambises unus autem de septem magis cepit illum hominem suspectum suspicans non esse Mengi. Hic magus inter concubinas regis filiam (Herod. III 68 Otanes und Phaidyme) habebat, qui secretius loquens cum ea ut de nocte attentius palparet caput regis et deprehenderet utrum auriculas haberet. Hunc enim Cremeydes fratrem quondam sibi offensum Cambises mutilaverat auribus (bei Herodot III, 69 Cyrus). Cumque puella deprehendisset eum aures non habere indicavit hoc patri. Qui cum reliquis magis hoc indicasset, conjuraverunt in eum et occiderunt eum et non regnaverunt per annum isti duo fratres." Es folgt die Erzählung von der List mit dem Pferde des Darius.

Sehr interessant ist auch der Abschnitt Gottfried's von Viterbo[3] „de septem magis et de Mergo puero". Woher mag G. seine in manchen Hauptpunkten abweichende Erzählung geschöpft haben? Lag eine uns jetzt verloren gegangene antike Quelle zu Grunde oder ist

---

[1] „Freculphii Lexoviensis episcopi Chronicon" I, lib. III, Kap. 19 in „Patrologia latina" ed. de Migne, Bd. 106, p. 994 f.

[2] „Zeitbuch" ed. Massmann Stuttgart 1857, „Bibl. D. Lit. V." Bd. 42 p. 63 f.

[3] G. von V. „Pantheon sive Universitatis Libri, qui Chronici appellantur" etc. (Basel 1559); Pars 9, p. 229 ff., 234 f.

es blosse Phantasie eines späteren Fabulisten? Ich möchte mich für das Erstere entscheiden. Leider kann ich aus Raummangel hier nicht näher darauf eingehen; wie nahe sich die verschiedenen Erzählungen der mittelalterlichen Chronisten über die Mager berühren, ist ja ganz klar. „Mortuo Cambyse sine filio et *fratre suo Mergo, puero remanente,* septem Magi custodiebant palatium et regnum cum puero Mergo. *Unus autem Magorum nomine Hermeides puerum Mergum in templum occulte deductum clam suffocavit et fratrem suum Mergo coaetaneum regem substituit.* Reliqui vero sex Magi haec ignorantes et de puero dubitantes per mulierem cubiculariam in somnis tentare coeperunt utrum puer ille aures haberet, an non“ etc. — Hermeides und sein Bruder werden getötet und Darius gelangt durch die bekannte List auf den Thron.

Nicht unwichtig scheint auch die Erzählung über die Verschwörung der Mager zu sein, welche wir in der Chronik des Jean de Preis finden[1]. Kambyses eroberte Ägypten und regierte 8 Jahre; dann heisst es darüber: „Le regnat apres luy Hermedes qui etoit uns des VII électeurs qui le roy enlisoient quant ilh moroit sans heurs (Manuscr. B. hat hier noch „ensi que Cambises estoit mors sens heure“). Chis Hermedes tient le regne VII mois tant seulement par mult grant malisse, enssi com vos oreïs chi—apres. Chis Hermedes fist entendant aux altres VI electeurs que li roy Cambises avoit I heure qui astoit trop jovenc, se ly avoit, (se ly avoit) recargiet à nourir, tant qu'il enwist eage d'estre roy. Et ches le creirent legierement com leur confrere et compagnons; *et ilh mentit, car bien estoit voir que ly roy Cambises avoit oyut I fis, mains ilhs ne savoient mie que ly enfès fut mors, enssi qu'ilh astoit; car ly roy Cambises, son pere, l'avoit occhis* a son *vivant par aucun meffait.* Et chis Hermedes le savoit bien, car ilh y avoit esteit presens al ochire. — *Mains por de chivoir les prinches* electeurs *chis Hermedes avoit 1 fis jovenc* et *faisoit* croire *que chu astoit li fis le roy*; et *chu durat VII mois*, puis alat Hermedes. Si quidat lassier le regne à son fis qui astoit nommeis Cambises, mains ilh fut racompteit aux prinches que ch'astoit le fis Hermedes, et que Hermedes avoit malvaisement tenuit le regne. — Quant les prinches electeurs sorent la veriteit, si ochisent l'enfant Cambises, puis prisent conselhe entre eaux de faire unc roy“ etc. Es folgt nun der Bericht wie Darius König wird etc.

---

[1] Bd. I p. 95 ff.

Hier werden also aus den Brüdern des Königs und des einen Magers Söhne desselben. Auf welche Quelle geht nun diese Darstellung zurück? Jean d'Outremeuse giebt in seiner Einleitung (p. 1 ff. Bd. I) an, er habe ausser Josephus, Titus Livius, Eusebius-Hieronymus, Orosius, Gottfried v. Viterbo etc. auch „chroniques Suétoniens" benutzt; wenn nun auch der Herausgeber des 1. Bandes, Borguet, bemerkt, dieser Sueton sei wohl kaum der Biograph der Cäsaren, so ist doch ein anderer Suetonius unbekannt[1] und deshalb die Vermutung nicht unerlaubt, dass unter dieser Chronik die vielleicht irgendwo in dem Auszuge vorliegende Suetonsche Schrift „de regibus" gemeint ist. Es stehen überhaupt interessante Dinge in dieser Chronik des Jean des Preis; so z. B. eine Legende über Judas Ischarioth, welche eine Variante zu der Oedipus-Fabel ist, da in dieser Sage Judas, von Pilatus als „chamberlain et maitre conselhier" aufgenommen, unwissentlich seinen Vater Ruben tötet und seine Mutter Cyborea heiratet. Als Cyborea den Stand der Dinge erfährt, veranlasst sie den Judas, Schüler des Herrn zu werden[2]. — H. Schedel erzählt in seiner oben genannten Weltchronik Blatt 69 u. A. Folgendes von Kambyses: „dann als er in raysiger růmratigkeit vnd gerechtigkeit doch ettlicher mass mit grausamkeit vermischet wider sein undertan gestolzet vnd dariñ den vater vbertroffen. Er hat die Ethiopes herniedergelegt. ime vil land vnderworffen, vil Krieg durch Holofernem geübt. in egybten gerayset vnd vil gegent daselbst verheeret vnd die andern Babiloniam gepawet"; nach Valerius Maximus führt er auch die auf Befehl des Kambyses erfolgte Hinrichtung des untreuen Richters Sisamnes (Herod. V 25) an; eine That übrigens, zu welcher eine Menge Analogien in der persischen Geschichte vorliegen[3] und welche merkwürdigerweise vom ganzen Mittelalter dem Kambyses gerade zum Verdienste angerechnet wurde, wie wir noch später sehen werden. Was uns Menschen der Neuzeit als barbarisch erscheint, entsprach freilich durchaus den harten Rechtsanschauungen des Mittelalters und auch noch späterer Jahrhunderte; waren ja damals die grausamsten Leibes- und Todesstrafen, wie Blenden, Abschneiden von Ohren, Nase und Zunge, Entmannen, Rädern etc. an der Tagesordnung. — Schedel nennt übrigens den einen Mager Patizetis, wie Herodot (III 61). Patizeithis ist übrigens, wie kürzlich I. Marquart nachgewiesen (die „Assyriaka d. Ktesias"

[1] s. Liebrecht „Des G. v. Tilbury Otia imperialia" 1856, p. 114 Anm.

[2] Bd. I p. 353 f, 389 f. Creizenach „Judas Ischarioth in Sage u. Legende des Mittelalters" (1875; s. p. 18 ff.).

[3] s. z. B. Brissonius „de regio Persarum principatu" (1710) p. 571 ff.

im Philologus, 6. Supplem. Bd.), kein Eigenname, sondern ein Titel, und bezeichnet an der angezognen Stelle Herodots den Oropastes als Minister. Äusserst ungünstig über Kambyses urteilen Carion-Melanchthon in ihrer schon einmal angeführten Chronik (I p. 72 ff., 79 f.); hier heisst es „Cambyses mores induit non solum genere et rege indignos, sed omnino tetros"; „divinitus punitus est." Bei K. hat sich das Wort bestätigt: „Omnis qui gladium acceperit, gladio peribit"; „ut talibus exemplis poenarum Deus ceteros homines de providentia et de suo judicio commonefacit" etc. Auch eine Berliner Handschrift (15. Jahrhundert), welche zur II. Hauptrezension der Historienbibel gehört und offenbar eine Auflösung einer besonderen Redaktion der Weltchronik ist, enthält ein Kapitel (das 170.) „von dem chunig Cambises" (und „der frawen Judith")[1]. Noch sei hier kurz erwähnt, dass in einer irischen Sammelhandschrift aus dem Ende des 14. Jahrhunderts, deren Hauptquelle Orosius ist, neben Hostosbes (Hystaspes), Teglach Fallasor, Nabcodonozor und Dair (Darius) uns auch Kambyses in der Form Campaseis (Kap. 17) und Cambasses mac Cir entgegentritt[2].

Kambyses begegnet uns auch öfters in der mittelalterlichen schönen Litteratur, in der Sage, der erzählenden und lyrischen Dichtung, im Roman. Wie schon die mittelalterlichen Chroniken und Weltgeschichten, deren Verfasser doch gewiss meistens von dem ernsten Bestreben geleitet waren, ihren Lesern nur Wahrheit zu bieten, eine Fülle sagenhafter Züge enthalten, so sind auch die in den Schriften anderer Gattungen dieser Epoche auftretenden Legenden, Märchen und Fabeln ausserordentlich zahlreich; sie wurden bekanntlich häufig von einer Persönlichkeit auf eine andere übertragen und wanderten von einem Volke zu andern, oft über das weite Meer. Im Hinblick auf diese Thatsache nun hat der englische Historiker Freeman in einer höchst interessanten Abhandlung „The mythical and romantic elements in early English history"[3], worin er die verschiedenen Erzählungen über Eadgar und Aethelwald bei Wilhelm von Malmesbury

[1] s. Merzdorf „die deutschen Historienbibeln des Mittelalters" (Bibl. des Lit. V. zu Stuttgart 1870), Bd. 1 p. 46 ff., 64 ff., 71 ff., 129. Von der Familie b (p. 54 ff.) zu der die Berliner Handschrift E gehört, giebt M. nur Proben, da er sie nicht kopiert hat; es sei überflüssig.

[2] Windisch u. Stokes „Irische Texte" II. Serie, 2. Heft (1880 ff.).

[3] „Historical Essays" 5. Edit. I. Bd. p. 18 ff.. 22. Eine ähnliche Antwort giebt auch Harpagos dem Könige Astyages Herod. I 119; ἀρεστὸν εἶναι πᾶν τὸ ἂν βασιλεὺς ἔρδῃ. Ebenso sagen die Richter dem Kambyses auf dessen Befragen, dem Beherrscher der Perser sei Alles erlaubt, was er wolle (Herod. III 31). Alle diese Erzählungen haben unverkennbar die Tendenz, die Perser als unterwürfige Sklaven hinzustellen

einerseits und bei Geoffrey Gaimar und in der Bromton'schen Chronik andererseits bespricht, die Ansicht geäussert, dass die erste Fassung dieser Geschichte von der Erzählung Herodots (III 35) von der Tötung des Sohnes von Prexaspes durch Kambyses beeinflusst worden sei. Eadgar nämlich verliebt sich (bei Malmesbury) bei einem Besuche in Aelftryth, die Gemahlin seines Günstlings Aethelwald, tötet den letzteren auf einer Jagd, und fragt nun dessen dabei anwesenden natürlichen Sohn „how he likes such a quarry. The youth answers that whatever pleases the King pleases him, Eadgar takes him into his special favour" etc. Prexaspes sagt bei Herodot: „Δέσποτα, οὐδ' ἂν αὐτὸν ἔγωγε δοκέω τὸν θεὸν οὕτω ἂν καλῶς βαλεῖν." Freeman sagt nun darüber: „The story of Kambysês and Praixaspês in Herodotus stood ready to be worked in. I do not mean either that the English minstrel had read Herodotus, or that he knew anything about Praixaspês from any other source. I only mean that a tale, forming part of the common fund of romantic tales, which the informants of Herodotus had ages before shaped into one form, was now shaped into one slightly different. In Herodotus the tyrant shoots the son, and calls on the father to admire his archery. In the legend of Eadgar father and son necessarily change places." Diese Vermutung Freeman's ist von hoher Wichtigkeit; denn falls sie richtig ist, wofür gar Manches spricht, so verblasst und verschwindet wiederum einer jener hässlichen Flecken, mit denen Sage und Tradition das Charakterbild des Kambyses verdunkelt haben. Man denke auch an die Fabel von der Zerstörung Theben's durch diesen Herrscher[1]. Wie sehr die Geschichte seines grossen Vaters Cyrus von Sagen und mythischen Elementen durchsetzt ist, wissen wir ja auch. Nöldeke in seiner neuesten Arbeit über das iranische Nationalepos[2] hat dies ja erst kürzlich wieder betont. Auch die hochbedeutende Persönlichkeit Khosru Anuschirvan's ist von der Legende gefärbt und getrübt worden; wie Nebukadnezar erscheint er als verkörperter Hochmut[3]. Die vielen bei Herodot vorkommenden Traumgesichter, z. B. der Traum des Cyrus betreffs des Darius, der des Kambyses selbst bezüglich seines Bruders Smerdis[4] sind ein poetisches Element, das an das Epos des Firdusi erinnert, wo ja ebenfalls die Helden öfters Träume haben. So z. B. sieht Zohak

---

[1] s. Letronne „Oeuvres choisies" I 1, p. 188 ff., 195 ff. G. Rawlinson „Herodotus" Bd. II p. 431 A.

[2] im „Grundriss d. iranischen Philol." von Geiger u. Kuhn (1896) p. 130 ff.

[3] Kampers „d. deutsche Kaiseridee in Prophetie u. Sage" p. 23.

[4] Herod. I 209 u. III 30, s. auch I 107 f. u. VII 12 u. 19.

den Feridun, Guderz den Khai Khosru, Firdusi selbst seinen Kollegen Dakiki[1]; auch in poetischen Texten der alten Ägypter und Babylonier finden sich ja nicht selten Erzählungen von solchen ähnlichen Visionen. Merkwürdig ist auch die grosse Rolle, welche der Bogen und das Pfeilschiessen bei Herodot spielt; man denke an den Bogen der Äthiopen (H. III 21), den Bogenwettkampf, in dem Smerdis Sieger bleibt (III 30), die Bedrohung des Kroisos durch Kambyses mit dem Bogen (III 36), und den Bericht, wie die Thraker in den Himmel und ebenso Darius einen Pfeil gegen den Himmel schiessen (IV 94 u. V 105). Rochholz in dem ersten Abschnitt seines Werkes „Tell und Gessler in Sage und Geschichte“ (I. „Der Sagenkreis vom Tell“ p. 1 ff., 22 ff.) fügt sehr interessante Beispiele hinzu und erinnert z. B. an den im Alten Testament (2 Könige 13. Kap.) erwähnten Pfeilschuss des Königs Joas gegen die Aramäer. Auch sonst spielt ja das Bogenschiessen bei den Persern eine ansehnliche Rolle; berühmt[2] war unter ihnen „Erekhsha mit dem schnellen Pfeile,“ der später als Arish Shivâtîr als Muster eines guten Schützen galt. Vielleicht nicht unwichtig ist übrigens in Bezug auf die Prexaspes-Geschichte noch der Umstand, dass in der finnischen Version vom Apfelschuss[3] ebenfalls Vater und Sohn die Rollen wechseln, wie in der englischen Sage von Eadgar und Aethelwald. Man wird desshalb die Duncker'sche[4] Vermutung, diesen Herodotischen Erzählungen lägen iranische Gesänge zu Grunde, für recht wahrscheinlich halten müssen; Hutdecker[5] bekämpft zwar diese Ansicht Duncker's, nimmt aber selbst die Existenz von ägyptisch-griechischen Novellen an. Für die grosse Anziehungskraft, welchen die persischen Verhältnisse und die führenden Geister Persiens auf die Hellenen ausübten, zeugt auch der Umstand, dass „ἡ Καμβύσου καὶ Δαρείου βασιλεία Δωρίδι διαλέκτῳ“ von dem grossen Lyriker Simonides aus Keos besungen worden ist[6]. So dürfen wir denn wohl kühn behaupten, dass, wenn überhaupt die Erzählung Herodot's von der Erschiessung des Sohnes des Prexaspes durch Kambyses sich auf eine wahre Begebenheit stützt — was ja an und für sich nicht unmöglich ist — doch dieser That dann ganz andere

[1] „Traduction“ von J. Mohl Bd. I p. 52, II 380, IV 281.

[2] Nöldeke in „ZDMG“ Bd. 35, p. 445 ff., „Tabari“ p. 271, Darmesteter „Avesta“ Tishtar Yasht — Yasht 8, IV 6; Bd. II p. 415 f.

[3] Rochholz l. l. p. 88 f. u. Grimm „D. Myth.“ III p. 109.

[4] „Geschichte d. Alterthum's“ IV p. 419 ff., 448 f. etc.

[5] „Ueber d. falschen Smerdis (1885) p. 11 ff., 17 etc.

[6] Sim. lebte 556—468; s. Suidas s. v. Simonides; u. Bernhardy zur Stelle; Bergk „Poetae lyrici Graeci“ III p. 423.

bessere und berechtigtere Motive zu Grunde lagen, die uns freilich wohl allezeit unbekannt bleiben werden. Man denkt unwillkürlich an die Worte, mit denen Odysseus (Odyssee 22, v. 5f.) die Tötung einleitet, „νῦν αὖτε σκοπόν ἄλλον, ὃν οὔ πώ τις βάλεν ἀνήρ, εἴσομαι.“ Diese Erzählung von der Grausamkeit des blutigen Tyrannen Kambyses ging begreiflicherweise auch in die römische Litteratur über — namentlich Seneca (de ira III 14 f.) äussert sich mit der grössten Entrüstung über die Grausamkeit des Kambyses, wie über den Knechtssinn des Prexaspes, wie (Kap. 15) über den des Harpagos[1] — und wurde durch diese auch den mittelalterlichen Schriftstellern und Lesern bekannt. So behandelt Chaucer in seinen „Canterbury Tales“ („The Sompnour's Tale“; S. ist (geistlicher) Büttel)[2] diese Episode, sich sichtbar dabei an Seneca anschliessend, da dieser einige Zeilen vorher citiert wird. Die Stelle lautet:

„Irous Cambyses was eke dronkelew,
And aye delighted him to be a shrew.
And so befell, of lord of his meinie[3],
That loved virtous morality,
Said on a day betwixt them two right thus!
A lord is lost, if he be vicious.
[An irous man is like a frantic—beast,
In which there is of wisdom none avrest]
And drunkenness is eke a foul record
Of any man, and namely of a lord.
There is full many an eye and many an ear
Awaiting an a lord, he knows not where.
For Goddë's love, drink more attemperly!
Wine maketh man to lose wretchedly
His mind, and eke his limbs every one
The reverse shalt thou see', quoth he, 'anon
And prove it by thine own experience
That wine doth to folk no such offence.
There is no wine bereaveth me my might
Of hand, nor foot, nor of mine eyen sight'.
And for despite he dranke muche more,
A hundred part than he had done before,

---

[1] s. Herodot I Kap. 119. Spiegel Eran. Altertumskunde II p. 265 A. bezweifelt die Wahrheit dieser Geschichte.

[2] Ausgabe von Purves, Edinburgh 1870, p. 90 f.

[3] = Gefolge.

And right anon this cursed irous wretch
This knighte's sonë let before him fetch,
Commanding him he should before him stand.
And suddenly he took his bow in hand,
And up the string he pulled to his ear
And with an arrow slew the child right there.
'Now whether have I a sicker hand or non?'
Quoth he; 'Is all my might and mine agone?
Hath wine bereaved me mine eyen sight?'
Why should I tell the answer of the knight?
His son was slain, there is no more to say.
Beware therefore with lordës how ye play,
Sing „Placebo"; and I shall if I can,
But if it be unto a poore man
To a poor man should his vices tell,
But not t' a lord, though he should go to hell."

Sehr hübsch für uns Leser, aber nicht gerade überaus schmeichelhaft für die darin vorkommenden hohen Herrschaften ist die launige, humoristische Schilderung der Unterwelt, welche Rabelais in seinem Romane „Gargantua und Pantagruel[1]" den Epistemon geben lässt; es erscheint hier nämlich eine Menge der berühmtesten Persönlichkeiten des Altertums, welche die kläglichsten Rollen spielen müssen. So ist Cyrus ein Kuhhirt, Darius ein Abtrittsfeger, Xerxes schreit Senf aus, Artaxerxes ist ein Seiler, Achilleus ein Heubinder, Agamemnon ein Tellerlecker, Kleopatra eine Zwiebelhökerin, Hannibal ein Kachler, Alexander der Grosse ein Hosenflicker, Melusine ein Küchenstrunz etc. Cyrus bittet den Epiktet um 1 Heller, um sich Zwiebeln zum Abendessen zu kaufen, und erhält auch 1 Thaler, der ihm aber von Darius, Alexander und „dem anderen Diebsgelichter von Königen da drunten" über Nacht gemaust wird. In dieser erlauchten Gesellschaft befindet sich denn auch Kambyses, nämlich als Maultiertreiber. Weshalb Rabelais in seinem Humor ihn dazu gemacht hat, sagt der gelehrte Herausgeber Regis in seinem Commentar nicht; vermutlich deshalb, weil solche Leute als besonders störrisch und mürrisch gelten. — Der Name Kambyses[2] kommt auch sonst in der Sage und Legende

[1] Übersetzung von Regis (1832) Bd. I, 2. Buch, cap. 30, p. 314 ff.; Vorbild ist wohl Lucian.

[2] Καμβύσης (Καβύσης) bei Menander Protektor (Dindorf „Historici graeci minores (1871), II, p. 45).

vor. Amélie Bosquet erzählt in ihrem Buche „La Normandie romanesque et merveilleuse“[1], dass zwei ehemalige Dianapriester, Zares und Kambyses, erzürnt über die Ausbreitung, die das Christentum erlangt, ihre Schüler zur Ermordung des ersten Bischofs von Evreux, des St. Taurin (4.—5. Jahrhundert) aufreizten, als aber der Mordversuch infolge eines Wunders misslang, sich selbst töteten. — Auch in der sächsischen Adelsgeschichte kommt der Name Kambyses vor; im 8. Jahrhundert unserer Ära nämlich soll der Sage nach ein Daniel von Löben unter dem König Kambyses und dessen Gemahlin Pelusa (sic!) in Afrika gegen die Sarazenen gekämpft haben. Leider sagt K. Haupt, in dessen „Sagenbuch der Lausitz“[2] ich diese Sage finde, nicht, woher dieselbe stammt. Schliesslich sei noch erwähnt, dass auch in dem humorvollen (allerdings der neuesten Zeit angehörigen) Gedichte von Charles Lamb („Satan auf der Brautschau“), welches neuerdings A. O. von Schack in verdienstvollster Weise dem grösseren Publikum zugänglich gemacht hat[3], Kambyses sich mit anderen Grössen des Altertums in der Hölle befindet, so mit Isebel, der unvermeidlichen Semiramis, Kleopatra, Helena, Klytemnestra, Medea etc. Der Satan sagt:

„Nebukadrezar hält mir den Bügel,
Und Nimrod führt meines Rosses Zügel
Und Kambyses geht mir als Groom zur Seite,
Wenn ich Abends spazieren reite“.

Auch die dramatischen Dichter des Mittelalters und der sich anschliessenden Jahrhunderte liebten bekanntlich Stoffe, welche der Geschichte und Sagenwelt des Altertums entlehnt waren, wie ja auch noch manche Komponisten (und Dichter) der neuesten Zeit solche zum Thema ihrer Opern (und Dramen) wählten, z. B. Rossini („Ciro in Babilonia“ und „Mose in Egitto“ etc.). So war auch Dido ein solcher Lieblingsstoff, den z. B. die englischen Tragödiendichter Marlowe und Nash in einem gemeinsamen Stück bearbeiteten[4]. Robert Greene († 1592) schrieb gemeinschaftlich mit Lodge ein Drama „A Looking Glasse for London and Englande“, in dem die Geschichte der sündhaften Einwohner Ninive's unter König Rasni und deren Bekehrung geschildert und beständig Vergleiche zwischen London und Ninive ge-

[1] 1845, p. 393.
[2] 1862, Bd. II, no. 46, p. 32.
[3] „Anthologie abendländ. und morgenländ. Dichtungen in deutschen Nachbildungen“ (1893, Bd. I, p. 293 ff., 300). Lamb lebte 1775—1834.
[4] Wülker, l. l. p. 230.

zogen werden. Das Stück, welches zur ärgsten Puritanerzeit — die Busse und Begnadigung der Niniviten war von jeher im Abend- und Morgenland ein bei Christen und Moslims ausserordentlich beliebtes Thema — in England aufgeführt wurde, schliesst mit einer Busspredigt[1]:

„O London — Du bist noch sündiger als Ninive" etc.

Eine besondere Abart der dramatischen Poesie sind die Hirten- und Schäferspiele; diese „Pastorales" finden sich auch bei den Basken. J. Vinson in seinem Buche „Le Folklore du pays Basque" (1883, p. 309ff) führt in der Liste dieses Stückes auch einen „Nabuchodonosor" in 5720 Versen und mit 52 Rollen und einen „Astiage" (5716 Verse und 37 Rollen) an, in dem letzteren kommen auch Mandane, die Tochter des Astyages[2] und der erste Kambyses vor. Eine besondere Eigentümlichkeit dieser Stücke besteht darin, dass nur die Namen dem Altertum entnommen, die betreffenden Persönlichkeiten aber Türken sind, welche gegen die Christen kämpfen; so ist z. B. mit Nabuchodonosor wohl Nadir Schah gemeint. Es ist desshalb auch nicht wunderbar, wenn bei der Belagerung von Jerusalem Kanonenschüsse vorkommen[3]. Der Chor wird von Teufeln gebildet, welche dabei die Bösen mit Rat und That unterstützen. So wählte denn unser Hans Sachs, dem bekanntlich eine für seine Zeit und seine Verhältnisse recht stattliche Bibliothek — sie enthielt Übersetzungen z. B. von Xenophon's Cyropädie, Herodot, Plutarch, dann Valerius Maximus, Seneca, Ovid, Justin, Sueton[4] — zu Gebote stand, u. A. eine Reihe Erzählungen des Vaters der Geschichte zum Vorwurfe seiner Dramen. Er erzählt z. B. die „Historie vom Ende Darius III", die von Sardanapal, die von der Semiramis, den Krieg des Darius mit den Skythen, die „Tragedia von Cyrus Geburt, Leben und Ende". die „Zwo Historia von Cambise mit König Creso und Baiazeth und Caramano", worin in anmutiger, lebendiger Sprache das bekannte Zerwürfniss zwischen Kambyses und dem ehemaligen Lyderkönige und die darauf erfolgte Aussöhnung dargestellt wird, und schliesslich auch „die Historia des Wüterigs König Cambise in Persia und seiner Tyrannei" (1557), alles nach Herodot[5]. Ebenso ist Kambyses der Hauptheld eines Dramas, eines der Vorgänger Shakesperes, Thomas Preston; dasselbe ist etwa 1561

---

[1] Wülker, l. l. p. 224.

[2] cf. Herod. I. 107.

[3] Vinson l. l. p. 322.

[4] s. R. Genée, „Hans Sachs und seine Zeit" (1894, p. 464ff).

[5] S. Werke Edition A. v. Keller; Bd. 8, p. 399 ff.; 453 ff.; cf. 477 ff.; 13, 289 ff.; 16, 266 ff.; 20, 468.; etc. Gödeke „Grundriss der G. d. Dichtung"[2] II, 461.

geschrieben und betitelt: „A Lamentable Tragedy, mixed ful of pleasant Mirth, conteyning the Life of Cambises, king of Percia, from the beginning of his kingdom unto his Death“. Eine Anspielung auf diese Tragödie findet sich in Shakesperes „Heinrich IV“ (Teil I, Akt IV, Scene 4); Falstaff nämlich sagt, als er in Eastcheap vor dem Prinzen von Wales dessen Vater nachahmt: „Give me a cup of sack to make mine eyes look red, that it may be thought I have wept; for I must speak in passion, and I will do it in King Cambyses's vein“[1]. Eine andre Anspielung auf dieses Stück von Preston findet sich übrigens auch im Sommernachtstraum, wenn hier in der 2. Scene des 1. Aktes von „The most lamentablo comedy, and most cruel death of Pyramus and Thisby“ gesprochen wird, so wird darin sicher, wie Beandes („W. Shakespere“ 1896 p. 96 f.) meint, in spöttischer Weise auf das Preston'sche Stück und seinen pomphaften Titel angespielt. Das Letztre muss also doch seiner Zeit öfters gegeben worden sein. Das Stück Preston's, welches von Wülker in seiner englischen Litteraturgeschichte nur ganz kurz erwähnt wird, ist ausserordentlich selten und, wie ich bei meinen Erkundigungen in London erfuhr, auf antiquarischem Wege nicht mehr aufzutreiben; erst vor Kurzem erfuhr ich, dass das Stück in Dodsley's „Collection of old Englisch Plays“ (Bd. 4) abgedruckt ist. So muss ich auf Dodsley selbst und die ziemlich eingehende Analyse und die Vergleichung desselben mit anderen Stücken („Kynge Johan“ von Bayle und „Appius und Virginia“) derselben Epoche in Rud. Fischers Buch „Zur Kunstentwicklung der englischen Tragödie von ihren Anfängen bis zu Shakespere“ (1893, p. 27 ff., 31 ff., cf. p. 52) verweisen.

Preston war nach der Angabe Fischer's „Master of the Trinity Hall in Cambridge“, sein Drama „Cambises“ wird von F. zu den „allegorisirenden Vorstufen der nationalen Tragödie“ gerechnet und bedeutet einen gewaltigen Fortschritt in der dramatischen Technik; von den Tragödien Seneca's, die von F. in der Einleitung eingehend analysiert worden, unterscheidet es sich durch die Einschiebung komischer Figuren. F. vermisst die geschlossene dramatische Handlung, betont aber doch, dass jede Episode für sich ein abgeschlossenes Ganze bildet und Kambyses selbst stets die Aufmerksamkeit des Lesers (oder Zuschauers) fesselt. Die neben den Menschen vorkommenden Allegorien (oder Götter) sind ein Beweis für die Herkunft des Dramas

[1] Shakespere, 1891, London, Kegan Paul, Trench und Trübner; Auszug aus dem Index von Miss Evangeline O' Connor „The story is from Herodotus and Justin“ (p. 1048).

aus den „Moralitäten"; diese letzteren, am Schluss des 15. Jahrhunderts in England eingeführten Spiele schilderten den innern Kampf des Menschen zwischen Gut und Böse, Tugend und Laster[1]. Die Aneinanderreihung tragischer und komischer Scenen in dramatischen Dichtungen kann nicht überraschen, wenn man sich erinnert, dass auch die höchste und würdigste Dramengattung der Inder, das Nâṭaka, wie v. Schröder[2] betont, heitere und komische Elemente in sich schliesst; so erscheint in der Sakontala Kalidasa's der Narr Mâthavya als Gegengewicht gegen die sentimentale Stimmung. Das Drama „Cambises" von Preston ist nicht in Akte geteilt, sondern zerfällt in 11 Bilder, in denen 37 Personen auftreten; das 2. und 8. Bild sind komischer Natur, entschieden ein Vorbild zu den ähnlichen Scenen in Shakespere's „Sommernachtstraum". Hier kommen die Bauern Lob und Hob, Meretrix, und die Raufbolde Huff, Ruff, Snuff vor; Ambidexter, das Vice der Moralitäten, erscheint zugleich als Clown und Intrigant, indem er Smerdis verläumdet und Sisamnes, den Reichsverweser, zu den grössten Schlechtigkeiten verführt. Das 2. 3. und 4. Bild und die Hälfte des 5. ist der Einsetzung des Sisamnes zum Reichsverweser durch Kambyses, der Schuld und der Bestrafung des Ersteren gewidmet; im 2. Teil des 5. Bildes erschiesst der berauschte König den Sohn des Prexaspes. Sodann lässt Kambyses im 6. und 7. Bild den Smerdis wegen Hochverrates ermorden, heiratet im 9. Bild die Braut eines seiner Grossen gegen ihren Willen, lässt sie dann ebenfalls umbringen und stirbt schliesslich im letzten (11.) Bilde, indem er sich mit seinem eigenen Schwerte verwundet. Ein Schlusswort des Ambidexter, ein Gespräch zwischen drei Lords und ein Epilog des Dichters selbst schliessen das Stück. — Die Figuren „Cruelty" und „Murder", welche im Auftrage des Königs die Königin umbringen, erinnern übrigens sofort an Κράτος und Βία, welche bei Äschylos gemeinschaftlich mit Hephaistos auf Befehl des Zeus den Prometheus am Felsen anschmieden.

Nachträglich möchte ich noch darauf aufmerksam machen, dass das Märchen des babylonischen Talmuds von dem Dämon Aschmedai eine merkwürdige Parallele zu dem von der Phaidyme erkannten Pseudo-Smerdis bietet; auch Aschmedai wird von den Frauen Salomon's entlarvt und spielt die Rolle des Königs wie der Mager die des königlichen Bruders. S. Grünbaum „Beiträge zur vergleichenden Mythologie aus der Hagada" (Z. D. M. G. Bd. 31 p. 202 f. p. 15 f.) und Gesta Romanorum Cap. 59. Hängen diese beiden Sagen irgendwie zusammen?

---

[1] S. Wülker l. l. p. 177 f.

[2] „Indien's Kultur und Literatur" p. 594, 614 etc.

In allerneuester Zeit wählte sich Julius Wolff den König zum Vorwurf eines Dramas; sein „Kambyses“ erschien 1877.

Ob Kambyses jemals von den hellenischen Künstlern im Bilde oder auf andre Weise dargestellt worden ist, vermag ich nicht anzugeben; es ist aber höchst wahrscheinlich. Man denke nur an das auf einem Kruge im Museo Gregoriano zu Rom befindliche Bild eines persischen Grosskönigs, welches nach Reisch der den Perserkriegen unmittelbar folgenden Zeit angehört[1], die berühmte Dareiosvase, welche nach E. Curtius[2] in ihrer grossartigen, trilogischen Composition deutlich beweist, wie die griechische Kunst historische Gegenstände von nationaler Bedeutung in grossem und ernstem Stile zu behandeln wusste, und an die nicht minder berühmte, in Pompeji entdeckte Darstellung der Alexanderschlacht[3]. Kambyses hatte ja durch seine Eroberung des uralten Pharaonenreiches auch für die Hellenen eine ausserordentliche Bedeutung erlangt. Den Künstlern des Mittelalters ist er nicht fremd geblieben. Diese, in einer harten und rauhen Zeit lebend und deshalb an schauderhafte Hinrichtungsscenen gewöhnt, schienen sich öfters die dem Kambyses zugeschriebenen Greuelthaten resp. lobenswerten Justizakte zu den Vorwürfen ihrer Werke gewählt zu haben. So teilt A. Schultz in seinem grossen Buche „Deutsches Leben im 14. und 15. Jahrhundert“[4] mit, dass nach dem Berichte Sigmund Meisterlins in dessen Nürnberger Chronik das Nürnberger Rathaus schon zur Zeit Kaiser Ludwig's des Baiern mit Bildern geschmückt war, deren Inhalt man aus antiken Autoren, wie dem Plutarch, Gellius, Valerius Maximus (mehr wohl aus den Gestis Romanorum, wie Schultz meint) geschöpft hatte, und dass zu diesen Gemälden auch die Darstellung der Schindung des Sisamnes gehört. Bekanntlich hat auch Valerius Maximus[5] darüber einen kurzen Abschnitt. Diesem Urteil des Kambyses hat[6] im Jahre 1498 auch Gérard David zwei Bilder gewidmet, welche früher in der Ratsstube zu Brügge waren, jetzt sich im dortigen Museum befinden. Das erste Bild stellt die Schindung des ungetreuen Richters, das zweite die Installierung des Sohnes des Unglücklichen

[1] Bei Wolfgang Helbig „Führer durch die öffentlichen Sammlungen etc. in Rom“ (1892, II p. 291).

[2] „Gesammelte Abhandlungen“ II, p. 295 ff.

[3] Overbeck „Pompeji“[4] p. 613 f.

[4] p. 28 f., 29.

[5] Buch 6, 12, Exod. 3. Sisamnes nach Brunnhofer „Urgeschichte der Arier“ II p. 129 f. — Sushâman des Rigveda.

[6] Schultz l. l. Fig. 51 und 52.

auf dem mit der Haut des Hingerichteten überzogenen Richterstuhle dar. Kambyses erscheint natürlich, wie alle auf den zwei Gemälden vorkommenden Personen in der zu der Zeit des Malers gebräuchlichen Tracht. Mit Recht lobt Lübke[1] die warme Färbung der ausdrucksvollen Köpfe und die Zierlichkeit des Details des Bildes, tadelt dagegen die allzu wirre Anordnung. Auch in den Miniaturen der bis 1400 fortgeführten Weltchronik in Bildern des Lionardo da Bisuccio[2] (Gregorovius in seinem Aufsatz über dieselbe[3] schreibt Besozzo,) welche sich seit 1883 in München befindet, begegnen wir dem Perserkönige neben zahllosen anderen Helden und Dichtern des classischen und biblischen Altertums, und zwar auf Blatt VIII (Rückseite, Horizontalstreifen 2). Der Text sagt: „Quinta etas Cambises rex Persarum"; hinter ihm ist eine Stadt: „Babilloniam de egipto condidit a. 3410"; Dann kommt Judith, das blutende Haupt des Holofernes in der einen, das Schwert in der andern Hand, entfernt sie sich nach rechts hin etc. Leider hat Brockhaus dieses Bild nicht reproduciert. Die letzte Abteilung dieser Bilderchronik enthält die Porträts von Kaiser Friedrich I. Saladin, Tamerlan etc; in den ersteren sind z. B. Abraham und Zoroaster, Jakob und Prometheus, Deukalion und Josua, Jephta und Agamemnon dargestellt. Als Curiosum sei schliesslich noch erwähnt, dass von den Porträts, welche H. Schedel seiner Weltchronik mit kindlicher Naivetät beigegeben hat, oft das nämliche Bild die Gesichtszüge mehrerer Herrscher veranschaulichen soll; so sieht darin z. B. Kambyses genau so aus, wie Tiglath Pileser etc.

Es wäre in der That von höchstem Interesse für uns, das echte Porträt des Kambyses zu besitzen; denn dieser Achämenide war vielleicht einer der grössten Herrscher, den Persien, das Morgenland überhaupt, jemals besessen hat, jedenfalls eine grossartige und im Grunde edle Natur, die wohl nur durch die Verhältnisse gezwungen wurde, wie so manche Andere im Osten und Westen, nicht gerade besondere Liebenswürdigkeit nach Aussen hin zu entfalten! Die Perser wenigstens haben ihm gewiss viel mehr zu verdanken gehabt, als sie — wenigstens officiell, z. B. in der Behistana — anerkannten!

---

[1] „Grundriss der Kunstgeschichte" [7] II, p. 289.

[2] Heinrich Brockhaus „L. de B." in „Gesammelte Studien zur Kunstgeschichte Festgabe zum 4. Mai 1885 für Anton Springer" p. 42 ff.

[3] „Kleine Schriften", II, p. 1 f.

An meiner 1891 begründeten Annahme[1], Kambyses sei höchst wahrscheinlich bei seiner Rückkehr nach Persien auf Veranlassung des Magers und der mit diesem verbündeten Partei ermordet worden, halte ich noch heute trotz Spiegel[2] und Prášek[3] fest. Wenn man mir die bekannte Angabe der Behistâna (I 11, 43 Spiegel, auch Fr. Delitzsch in seiner Assyrischen Grammatik S. 55c p. 132 übersetzt die Stelle des babylonischen Textes: „mîtûtu ra-ma-ni-šu mîti“ mit „(K.) starb durch Selbstmord)“ entgegenhält, so ist zu entgegnen, was ich übrigens schon in meiner oben angeführten Schrift gethan habe, dass officielle Aussagen nicht immer richtig sind. Anzuführen wäre noch vielleicht die Thatsache[4], dass 392 nach Chr. der Franke Arbogast den jugendlichen Valentinian II., „den Anschein eines Selbstmordes veranstaltend“ erwürgen liess. — Gegen Prášeks Kritik hätte ich viel einzuwenden, hoffentlich komme ich noch einmal zu einer Neubearbeitung und Erweiterung meiner Schrift, da ich auch mit diesem Aufsatz den Stoff noch lange nicht erschöpft zu haben glaube. Zum Schlusse möchte ich nur noch auf die Anfangsworte der bekannten Jenaer Antrittsrede A. von Gutschmids hinweisen[5]; daselbst wird betont, dass „der trümmerhafte Zustand unserer Überlieferung“ es mit sich bringt „dass wir weitaus den grössten Teil derselben statt aus gleichzeitigen aus abgeleiteten, oft sehr jungen Quellen zu schöpfen genötigt sind.“ Desgleichen finden sich in den Kirchenvätern[6] manche sehr wertvolle mythologische Mitteilungen, die wohl einem Handbuch entnommen sind, dessen Verfasser und Abfassungszeit noch unbekannt sind. Sollen deshalb diese Nachrichten unbeachtet bleiben oder gar ohne Weiteres verworfen werden? Dies Letztere aber war bisher bei den Berichten über das Ende des Kambyses bei Johannes von Antiochia und Orosius, welche diese Nachrichten doch ganz gewiss nicht aus den Fingern gesogen haben werden, allseitig geschehen! Es wäre über diesen Punkt noch sehr viel zu sagen, vielleicht komme ich nochmals ausführlich darauf zurück. Jedenfalls liegt hier eine Frage von der wichtigsten principiellen Be-

[1] „Forschungen zur alten Geschichte“. I. „Zur Lösung der Kambyses-Frage“.

[2] „Jahresberichte der Geschichtswissenschaft“ (H. v. Jastrow, Bd. 14, 1891, I 72f)

[3] „Berliner Philologische Wochenschrift“ (1892, no. 8, 20. 2. 1892).

[4] Dahn, „Urgeschichte der german. und roman. Völker“ II, 398f.

[5] „Kleine Schriften“ Band I, 1ff.

[6] s. Preller-Robert „Griechische Mythologie“ [4] Band I, p. 22. Roscher („Studien z. griech. Mythol.“ IV., „über Selene“ etc.; 1890. Vorrede p. 11) bemerkt, dass der Mythus von Pan's Liebe zur Selene eine uralte echte Hirtensage ist, obwohl er nur von späteren Dichtern wie Nikandros und Virgilius überliefert wird.

deutung vor, die sich eben deshalb nur äusserst schwer entscheiden lässt!

Mag auch der strenge Historiker nur sehr gering von dem wirklichen Wert der oben mitgeteilten Erzählungen der mittelalterlichen Schriftsteller denken, so sind dieselben doch zweifellos für den Litterarhistoriker oder Mythologen, der jede Legende bis zu ihrem letzten Verklingen verfolgen muss, von höchstem Interesse und grösster Bedeutung!

Glossen zu den Thontafelbriefen von Tell el Amarna.

Von

Eduard Meyer.

Die sorgfältige Ausgabe der Thontafeln von Tell el Amarna in Transscription und Übersetzung, welche Hugo Winckler soeben im fünften Bande der Keilinschriftlichen Bibliothek (1896) veröffentlicht hat, wird von allen, die sich mit dem alten Orient beschäftigen, mit lebhaftem Dank begrüsst worden sein. Wie sie als Ganzes sowohl wie in zahlreichen Einzelheiten einen gewaltigen Fortschritt bezeichnet und eine Fülle scharfsinniger und glücklicher Entdeckungen enthält, so fordert sie auch diejenigen, welchen ein selbständiges Studium der Originaltexte unmöglich ist, zu dem Versuche heraus, zu der weiteren Aufhellung dieses wahrhaft unschätzbaren Materials nach dem Maass ihrer Kräfte beizutragen. So möge es auch mir gestattet sein, an dieser Stelle einige Bemerkungen zusammenzustellen, welche sich mir bei der ersten Durcharbeitung der neuen Publication ergeben haben.

Der officielle Name des babylonischen Reichs zur Zeit der Korrespondenzen von Tell el Amarna ist Karduniaš. Aber populär und den Nachbarn geläufig ist derselbe nie geworden, und auch in unseren Texten findet er sich ausser in der officiellen Königstitulatur nur ganz vereinzelt (256, 21. 291, 7). Gewöhnlich nennt man vielmehr nach dem herrschenden Stamm das Reich Kaš und die Bewohner Kašši wie in den einheimischen Texten; so beschuldigt Rib-addi von Byblos den Abdaširta, im Dienste des Königs von Mitani und des Königs von Kašši zu stehen (56, 13); ebenso wie er seine Söhne, vor allem den Aziru, als „Hunde der Könige von Mitani, Kašši und Chata (der Chetiter)“ bezeichnet 86, 19. 87, 70 (vgl. 101, 6. 119, 32). Der Name wird zweimal mat Ka-aš-ši, 87, 71 dagegen mat Ka-ši geschrieben. Letztere Schreibung kehrt in den Briefen Abdḫiba's von Jerusalem

180, 33. 72. 74 wieder (Zl. 72 sogar Ka-si), wo er sich für unschuldig betreffs der Kašileute erklärt — das sind nicht afrikanische Kuschiten, wie Winckler für möglich hält, sondern die Babylonier, über deren Misshandlung in Palästina Burnaburiaš im elften Brief Beschwerde führt[1]. Dagegen 97, 9 sind die 600 Kašileute, die sich Ribaddi neben anderen ägyptischen Truppen und Streitwagen als Besatzung für Byblos erbittet, natürlich Äthiopier, ebenso 137, 35. Wie das כוש des Alten Testaments bezeichnet auch das Kaš der Amarnabriefe bald das afrikanische Land, bald das in Babylonien herrschende Gebirgsvolk.

Weit älter als Karduniaš und Kaš ist für Babylonien der Name שנער (Sinear), dessen Ursprung freilich noch immer völlig unaufgeklärt ist; und dieser allein erscheint in den ägyptischen Inschriften in der Form 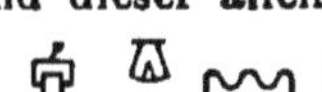 Sangar. Im Gegensatz zu der älteren Deutung habe ich diesen Namen auf die Oase Singara Sindjâr in der mesopotamischen Wüste gedeutet, teils wegen des  = *g*, teils weil vor 15 Jahren enge Beziehungen zwischen Babylon und Ägypten wenig wahrscheinlich erscheinen. Diese Deutung hat allgemeine Zustimmung gefunden[2]; aber sie war verfehlt. Das zweite Bedenken ist durch die Amarnatafeln widerlegt. Die Gleichung äg.  = bab. ḫ = ע aber ist in ihnen ganz gewöhnlich, vgl. Giluḫipa 16, 5. 41 = 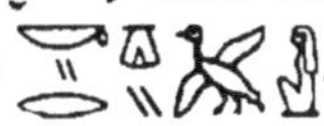, Nuḫašši = , Ḫazati =  = עזה mit غ. Γάζα. Ebenso entspricht äg. Sngr dem Ša-an-ḫa-ar in dem Schreiben des Königs von Alašia 25, 49. Hier sucht dieser, wie es scheint, den Pharao von seinen Verbindungen mit dem König von Chatti und dem König von Šanḫar abzuziehen. Dass letzteres in diesem Zusammenhange nicht das abgelegene unbedeutende Singara sein kann, das im ganzen Verlauf der alten Geschichte kaum je genannt wird, sondern dass die Stelle den analogen Äusserungen über Mitani, Chatti und Kašši entspricht, die oben angeführt wurden, liegt auf der Hand: es wird überall auf die Verbindungen angespielt, welche die rebellischen kana'anäischen (d. h. syrischen) Fürsten mit Kurigalzu von Babel anzuknüpfen suchten und ohne Zweifel auch angeknüpft haben, wenn auch sein Sohn sie 7, 19 ableugnet. Der „König von Sngr", der

[1] Das ist einer der wichtigsten Anhaltspunkte für die chronologische Ordnung der Briefe: Šutatna von Akko 11, 19, der die That verübt hat, ist der Zatatna der Briefe 158—160, sein Vater Šaratu schreibt sich 157 Surata, 196 Zurata.

[2] Auch bei W. Max Müller, Asien und Europa S. 279, wo die ägyptischen Daten zusammengestellt sind.

Thutmosis' III. in dessen 33. Jahr Geschenke an Blaustein, darunter babylonischen Blaustein (ḫsbd Bbr) schickte, ist also der damalige König von Karduniaš. Deshalb wird dann Sangar — dessen Produkte in den Texten wiederholt erwähnt werden — in den Listen der unterworfenen Völker ständig mit aufgeführt, fast so häufig wie Assur, obwohl es so wenig wie dieses oder wie Mitani jemals auch nur vorübergehend dem Pharao unterthan gewesen ist.

In einem seiner Briefe schreibt Abdḫiba von Jerusalem: „so lange Schiffe auf dem Meere waren, hat der mächtige Arm des Königs Na'rima und Kašši heimgesucht, jetzt aber suchen die Chabiru die Städte des Königs heim“ (181, 32[1]). Das Land Kašši ist natürlich auch hier Babylonien, Nahrima das ägyptische Nhrina = נהרים, dessen König 119, 32 (geschrieben Narima) neben dem von Chatta, 79, 11 ff. neben denen von Chati und Mitani genannt wird. Trotzdem ist nach Ausweis des hieratischen Vermerks auf dem Brief 23 des Dušratta von Mitani dies entweder direct mit Nhrina identisch oder wenigstens zu dieser Landschaft gehörig[2]. Ein dritter Name desselben Gebietes ist Chanigalbat. Denn 21, 48 schreibt Dušratta von Mitani an Amenḫotep IV, dessen Vater A. III habe gesagt: „stets werde ich das Gold Ägyptens in Chanigalbat zur Genüge sein lassen“, und 18, 17 redet er davon, dass „in diesen Tagen Chanigalbat und Ägypten [in Frieden leben werden]“. Daher beruft sich Assuruballiṭ 15, 13 ff. darauf, dass sein Vater und ebenso der König von Chanigalbat vom Pharao 20 Talente Gold erhalten habe; gemeint sind die Geschenke an Mitani. Vgl. auch 256, 10. 20 die Karawanen nach Chanagalbat und Karduniaš, sowie 1, 37, wo der Zweifel geäussert wird, ob eine in Ägypten für die Schwester des babylonischen Königs ausgegebene Dame nicht „die Tochter eines Bettlers oder eines Gagaeers oder eine Tochter von Chanigalbat oder Ugarit ist“. Damit zerfallen die vielen an den Namen geknüpften Hypothesen in sich; mit den Cheta hat Chanigalbat nichts zu thun. Dass das ferne Land Chani bei Agukakrime eine Abkürzung von Chanigalbat ist, soll damit nicht bestritten werden[3].

---

[1] Vgl. Zimmern, Z. Ass. VI, 258.

[2] Die Möglichkeit, dass es mehrere Königreiche im „Stromlande“ gab, ist nicht ausgeschlossen; das Reich von Arban mag zu diesen gehört haben. Immerhin aber muss Mitani, wenn es auch an Macht hinter den Reichen der Kašši und der Chatti weit zurückstand, kein ganz unbedeutender Staat gewesen sein.

[3] Vgl. Jensen, Z. Ass. VI, 342. Die Erwähnungen Chanigalbats bei Tiglatpilesar I (bei Milidia) und bei Assarhaddons Feldzug gegen seine Brüder stimmen zu seiner Identität mit Naharain oder dem nordwestlichen Mesopotamien ganz gut.

Ausser den Königen von Karduniaš, Assur und Mitani korrespondieren mit dem Pharao als ihm gleichberechtigte Herrscher, seine „Brüder“, die Könige von Alašia[1]. Sie scheinen von all diesen Herrschern am meisten von Ägypten abhängig gewesen zu sein, da sie weder den eigenen Namen noch den des Pharao nennen, wohl aber stets sehr grosse Geschenke, namentlich an Kupfer, schicken. W. Max Müllers Vermutung, Z. Ass. I, 25ff., Alašia 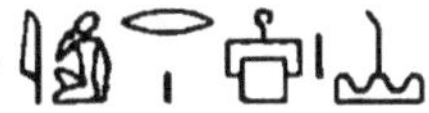 sei identisch mit 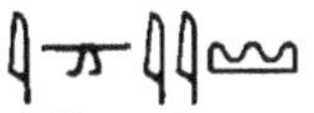 Cypern, wird, wer die Texte im Zusammenhang durchliest, kaum zu bestreiten vermögen[2]. Alašia ist ein Handel treibendes, Kupfer producierendes Land, in die Händel des Festlandes nur wenig verwickelt, dagegen darauf angewiesen, gut mit Ägypten zu stehen. Vor allem aber: in Asien lässt sich kein Gebiet nachweisen, wo es untergebracht werden könnte, während andererseits Cypern in den Amarnatafeln notwendig vorkommen muss[3]. Der rege Verkehr Cyperns mit Ägypten wird durch die einheimischen Denkmäler bestätigt; der Hafen für den Handel mit Ägypten lag, wie mir Ohnefalsch-Richter mitgeteilt hat, in der Mitte der Südküste bei Psematismeno östlich von Amathus (vgl. Gesch. d. Alt. II, 142). Geschichtlich ist die Identificierung von Alašia mit Cypern von grösster Bedeutung; sie beweist die Richtigkeit der wiederholt, namentlich von Ohnefalsch-Richter, ausgesprochenen Behauptung, gegen die ich mich bisher immer gesträubt habe, dass es im 15. Jahrhundert, als die mykenische Kultur bereits in Cypern eindrang, noch keine phönikischen Ansiedlungen auf der Insel gegeben hat.

Aus den Briefen von Mitani ist von besonderem Interesse die Mitteilung Dušrattas an Amenhotep III, dass die Ištar von Ninive nach Ägypten ziehen wolle, wie sie schon zu Zeiten seines Vaters gethan habe; er bittet sie noch zehnmal mehr zu ehren als damals geschah und für ihre Rückkehr Sorge zu tragen und wünscht, dass sie „meinen Bruder und mich beschützen, 100 000 Jahre und grosse Freude uns beiden verleihen möge“ u. s. w. Der Brief ist nach dem

[1] Die vielleicht mit dem Chetakönig geführten Korrespondenzen 35 und 34 sind leider ganz verstümmelt.

[2] Die einzige sonstige Erwähnung 81, 52 giebt keinen Anhalt. Das Land Arsa des pap. Golenischeff bei M. Müller, Asien und Europa 396, nach dem der aegyptische Gesandte auf der Fahrt von Dor nach Byblos von widrigem Wind verschlagen wird, passt zu Cypern ausgezeichnet.

[3] Dass in den Völkerlisten Arsa und Asī neben einander vorkommen, beweist nichts dagegen. Werden doch hier oft genug dieselben Namen kurz hinter einander wiederholt, z. B. LD III, 131 a.

in der Londoner Ausgabe mitgeteilten hieratischen Vermerk im 35. [so die Transscription] oder 36. [so die Übersetzung] Jahre des Pharao nach Ägypten gekommen, also ganz am Ende seiner langen Regierung; vermutlich sollte die Göttin ihm Heilung von Krankheit und Tod bringen. Dabei wird jeder Leser an die Legende der Bentrešstele denken, welche von der Entsendung des Chunsu von Theben oder vielmehr seines Delegierten „der die Entwürfe ausführt und die Dämonen abwehrt“ zur Heilung der erkrankten Prinzessin von Bechten (dem Chetareich?) in Naharain unter Ramses II berichtet; derselben liegt gewiss ein analoger thatsächlicher Vorgang zu Grunde. Zugleich sehen wir, dass die hochangesehene Göttin von Ninive[1] im Reich Mitani eine Kultusstätte hatte, vermutlich in Charrân, das doch wohl seine Hauptstadt gewesen sein wird[2], ebenso wie z. B. der Ba'al von Charrân von Barrekûb von Sam'al verehrt wird[3]; denn das ist viel wahrscheinlicher, als die Annahme Wincklers, Ninive habe zum Reiche Dušratta's gehört. Hat doch gerade Dušratta's Zeitgenosse Assuruballiṭ in Ninive am Tempel der Ištar gebaut.

Die Angaben der Urkunden über die Zustände Syriens unter ägyptischer Herrschaft decken sich vollständig mit dem, was die ägyptischen Denkmäler mitteilen. Als der eigentliche Begründer der ägyptischen Macht erscheint Thutmosis III (Manaḫbiria). Zu seiner Zeit hätte Niemand gewagt Tunip anzugreifen (41, 6). Er hat den Grossvater des Hadadnirari[4] (der also in die Zeit Amenḥoteps III gehört) in Nuḫašši = Anaugas zum König eingesetzt (37, 4ff.); ebenso versichern die andern Dynasten, die „Leute“ der einzelnen Ortschaften und Distrikte wiederholt, dass ihre Väter und Grossväter Vasallen des Pharao gewesen sind (138, 7. 215. 221). Ausser ihren Abgaben und Geschenken haben sie für das Heer des Königs regelmässig Lebensmittel zu liefern (138, 10ff. 209, vgl. 121), genau wie in den Annalen Thutmosis' III berichtet wird. Auch wenn sie ihrem Vater in der Herrschaft folgen, verdanken sie dieselbe lediglich der Gnade des Pharao; er setzt sie auf den Thron, er schickt ihnen das Salböl. In Qatna hat er ein Bild des Sonnengottes errichtet und mit seiner

[1] Dass Ninâ Ninive ist, ist nicht zu bezweifeln; auch auf der Tafel in Mitanisprache ist von dieser Stadt (alu Ni-i-nu-a-a-pi III 98, s. Z. Ass. V, 170. 258) und vermutlich auch von ihrer Göttin die Rede.

[2] Darf damit Sargons Fürsorge für Ninive und Charrân, deren er sich an den bekannten Stellen seiner Prunkinschriften rühmt, irgendwie in Beziehung gesetzt werden?

[3] Sachau, Ber. Berl. Ak. 1895, 119.

[4] So ist für Ramannirari wohl zweifellos zu lesen.

Inschrift versehen, das dann unter Amenḥotep III die Cheta rauben (138 rev. 18ff.). Mehrfach werden die Prinzen am ägyptischen Hof auferzogen (214, vgl. den Brief von Tunip 41). In den wichtigsten Orten liegen Besatzungen, Streitwagen und Fussvolk. Letzteres besteht teils aus Ägyptern, teils aus Söldnern, die, wie wir jetzt sehen, unter der 18. Dynastie im ägyptischen Heer schon eine weit grössere Rolle gespielt haben, als man bisher annehmen konnte. Unter ihnen erscheinen bereits die Šardana als Ši-ir-da-nu oder Ši-ir-da-ni 64, 16. 77, 15. 100, 35, die bisher vor Ramses II nicht nachweisbar waren; die jetzt festgestellte Aussprache, welche hieroglyphisch offenbar durch die ziemlich häufige Schreibung 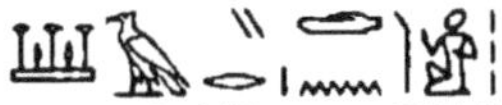 Šairdn [z. B. im Merneptahtext Mar. Karn. 52, l. 14; bei Ramses III LD III, 209b, pap. Harris 75, l. 76, 5 u. a.; var.  wohl mit Versetzung des *i* in die zweite Silbe, z. B. Mar. Karn. 54, 52] wiedergegeben werden soll, macht die Identificierung mit Sardinien Σαρδω(ν) etwas problematisch. Weiter erscheinen äthiopische Truppen. An den schon angeführten Stellen 97, 9 und 137, 35 bittet Ribaddi von Byblos um (ägyptische) Mannschaften, 30 Streitwagen, und Mannschaften aus dem Lande (97, 9 „den Ländern") Kaši. An ihrer Stelle werden 74, 20. 75, 81. 91. 93. 83, 67 Leute aus dem Lande Miṣr und dem Lande Miluḫa als Besatzung erbeten; zu unserer höchsten Überraschung erscheint also der später so häufige, viel umstrittene Name Meluḫa bereits hier. So dunkel er bleibt, so ist doch klar, dass die jetzt herrschende Deutung auf die Sinaihalbinsel an diesen Stellen unmöglich ist; es kann nur Äthiopien oder allenfalls Libyen sein.

Aber die Zeiten, wo „die Könige von Kana'an (šarrâni Kinaḫni — der Name Kana'an bezeichnet in diesen Briefen Syrien im weitesten Umfange[1]) vor dem Anblick der Könige von Ägypten flohen" (102

---

[1] So 7, 19 in der Angabe über den Aufstand der Kinaḫaiu, der doch in den Fürsten von Amurri seine Hauptführer hatte; 14, 1 in dem an die šarrâni Kinaḫḫi gerichteten Pass für einen Gesandten; ebenso 50, 41. 154, 47. Der König von Tyros hat 151, 49ff. den Auftrag zu berichten „was du aus dem Lande Kinaḫna hörst" und meldet Vorgänge in Ugarit im äussersten Norden, das Vordringen der Cheta gegen Qadeš, den Krieg des Amoriters Aziru gegen Namiawaza, das Verhalten des Königs von Sidon, also lauter Vorgänge aus Nord- und Mittelsyrien; ausserdem an erster Stelle den Tod des Königs von Danuna, dem sein Bruder ohne Störung gefolgt ist. Das sind natürlich die  Danona Ramses' III, deren Identität mit den Δαναοί durch diese Stelle eher bestätigt als zweifelhaft wird. Es ist ganz natürlich, dass gerade der König von Tyros über die Vorgänge in Griechen-

rev. 11, vgl. 181, 32) sind längst vorbei; die Tafeln von Tell el Amarna gewähren uns einen lebendigen Einblick in die Zersetzung des von Thutmosis III begründeten Reichs. Die Annahme, dass dieselbe bereits unter Amenḥotep III begonnen hat, bestätigt sich; schon zu seiner Zeit brachen im Norden die Cheta in die ägyptischen Provinzen ein, während unternehmende syrische Dynasten, gestützt auf Verbindungen mit den Chetitern und den Babyloniern, über ihre Nachbarn herfallen und der Pharao nicht im stande ist, diesen ernstliche Unterstützung zu gewähren. Auch liess sich für ihn die Sache scheinbar nicht so schlimm an; denn auch die Rebellen erkennen seine Oberhoheit an, schreiben ihm devote Briefe und stellen ihre Gegner als Abtrünnige dar. So ist es gekommen, dass auch unter Amenḥotep IV die ägyptische Oberhoheit noch in weiten Gebieten nominell besteht, in denen sie thatsächlich längst erloschen war, und dass ein die syrischen Lande passierender Gesandtschaftsverkehr mit den Königen von Mitani, Assur und Babel möglich ist, wenn auch nicht ohne mancherlei Gefahren (10, 27 ff. 11, 13 ff. 15, rev. 12 ff. vgl. auch 14).

Die Grundlage für die chronologische Anordnung der Briefe geben die beiden Schreiben des Akizzi von Qatna[1] an Amenḥotep III 138 und 139, die einzigen Briefe von Vasallen, in denen der Adressat genannt ist. Die Stadt Qatna muss in nächster Nähe von Nuḫašši-(A)nogas, dem Hinterland Ṣimyra's (48, 26. 51, 36), und des südlich daranstossenden Amoriterlandes gelegen haben, dagegen nördlich vom Gebiet von Damaskus, also wohl im Orontesthal, wahrscheinlich oberhalb von Qadeš, etwa bei Ba'albekk[2]. Es ist offenbar das ägyptische  Qadna in den Listen Setis I LD III, 129 (nach Qadeš und Pabech) und Ramses' II Mar. Karn. 38f (nach Tachsi Tunip Qadšu), vielleicht auch  Qadina unter Amenḥotep III LD III, 88g, das W. M. Müller, Asien und Europa 242, 3 ohne Grund für eine Corruptel von 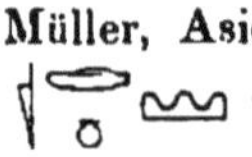 Qedi hält[3]. Aus Akizzis Schreiben

land orientiert ist. Man sieht, wie umfassend der Name Kana'an gebraucht wird; er entspricht mindestens etwa dem Rutnu der Ägypter.

[1] Von ihm stammen noch 140 u. 290. Sonst wird weder er noch Qatna genannt.

[2] Unmöglich wäre es auch nicht, es weiter abwärts etwa bei Ḥamat zu suchen, das in den Amarnatafeln nicht vorkommt und bekanntlich auch in den ägyptischen Texten nur selten erwähnt wird.

[3] Für dies Land geben die Amarnatafeln leider ebenso wenig Aufschluss wie für Kaft, Tachsi u. a. und überhaupt für alle von den Chetitern occupierten Gebiete. Oder steckt Qedi in den kali mâtât kutiti, „allen kutischen Ländern", die der Chetakönig 79, Rücks. 12 erobert?

ergiebt sich, dass die Eroberungen des Aziru von Amuri noch unter Amenḥotep III beginnen, die Unternehmungen seines Vaters Abdaširta (Brief 38—40. 124. 53—64. 68. 69. 73. 115. 118. 137) also geraume Zeit früher fallen, entsprechend der Aussage des Rib-Addi von Byblos 69, 70 „seit dein Vater — also Thutmosis IV[1] — Sidon verlassen hat, von dem Tage an sind die Länder in die Hände der GAS — der Bundesgenossen Abdaširta's — geraten". Über die Beziehungen der Rebellen zu Babylonien, Mitani und den Chetitern s. o.

Das Land Amuri oder Amurri — dass dieser Name an Stelle der früheren Lesung Aḫarri überall einzusetzen ist, beweist eine Vergleichung aller Stellen wo der Name vorkommt unwiderleglich — ist das Hinterland von Byblos, also der Hauptteil des Libanongebietes. Das Amoriterland bildet ein einheitliches Reich. Dass das ägyptische  Amor dieselbe Lage hat, hat W. M. Müller erwiesen. Aber er irrt, wenn er glaubt, dass die Stadt Qadeš am Orontes dazu gehört habe; dieselbe bildet einen Staat für sich. Auch wird wohl Niemand der Annahme M. Müllers zustimmen, dass die auf einem Berge gelegene Stadt Qadeš im Lande Amor, deren Gebiet Seti I plünderte, mit der vom Orontes umflossenen Stadt Qadeš, bei der Ramses II kämpfte, identisch sei und der Zeichner diese willkürlich in eine Felsenburg verwandelt habe[2]. Die Amoriterstadt Qadeš ist vielmehr im Libanongebiet zu suchen wie die von Ramses II erstürmte Amoriterstadt Dapur. In unseren Texten kommen beide nicht vor, wohl aber die grosse Stadt am Orontes in der Form Qidši oder Gidši.

Zu Ende der Regierung Amenḥoteps III nehmen die Bewegungen viel grössere Dimensionen an, weil die Eroberungen der Cheta beginnen und die Rebellen — die auch jetzt noch nicht daran denken, dem Pharao offen den Gehorsam aufzukündigen — in ihnen eine feste

---

[1] Die von Wiedemann, Äg. Gesch. 377, angeführte Angabe aus Champollion Not. 484—487 f. 830—832 (mir nicht zugänglich), dass nach „Inschriften im Grabe des Ṯanuni in Theben Thutmosis IV die Fürsten von Zahi (Phönikien) gefangen, ihre Städte erobert und ihre Anpflanzungen zerstört" habe, beruht, wie mir Steindorff mitteilt, auf einem Irrtum: die Angaben beziehen sich auf Thutmosis III.

[2] Das „Ufer (*merit*, von mir früher nach Brugsch fälschlich „See" übersetzt) des Landes Amor" im Pentaurepos kann nur die Küste des Mittelmeeres sein, wie  „die Küstenstrasse", auf der Thutmosis III gegen 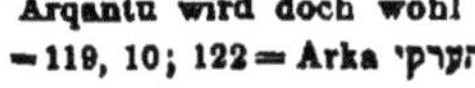 zieht LD III, 30a 10 (M. Müller, S. 247). Diese Stadt 'Arqantu wird doch wohl das Irqata unserer Texte (78, 12. 126, 22, ferner 79 rev. 3 = 119, 10; 122 = Arka הערקי Gen. 10, 17) bei Simyra sein.

Stütze finden. Die Cheta erobern zunächst die Städte von Amki 125, 16. 119, 25ff., d. h. wie bekannt der Ebene von Antiochia am Orontes nach dem Amanos zu (assyr. Unqi, Polyb. V 59 'Αμύκης πεδίον, jetzt el-'Amq). Dabei werden sie unterstützt von Aziru von Amuru, der gleichzeitig gegen die Phönikerstädte vorgeht, die Könige von 'Arqa (s. vor. S. Anm. 2), Ardata und dem Lande Ammia und die hier anwesenden ägyptischen Magnaten tötet, schliesslich Simyra und Ullaza [1] erobert und Byblos und seinen Herrscher Ribaddi aufs äusserste bedrängt (79 rev. 119. 120), und von dem mittelsyrischen Dynasten Itakama oder Aidaggama von Kinza[2], der sich der Stadt Qadeš bemächtigt (151, 59), die er als sein väterliches Erbe in Anspruch nimmt (146, 10). Als drei mittelsyrische Fürsten, der von Chašabu =  Chašabu Liste Thutmosis' III nr. 55[3], der von Chazi (auch 134, sonst unbekannt), und ein dritter, dessen Name und Stadt verloren ist, zur Wiedereroberung der Städte des Amki ausziehen, tritt ihnen Itakama von Kinza an der Spitze eines Chetiterheeres entgegen. In drei gleichlautenden Schreiben (131—133) berichten sie darüber an den Pharao und bitten um Entsendung einer ägyptischen Armee. Erfolg haben sie so wenig wie Japaḫi-addi, der an den oftgenannten ägyptischen General Janḫami schreibt: „Weshalb vernachlässigst du Simyra? Abgefallen sind alle Länder zu Aziru von Byblos bis Ugarit (123).“ [Letzteres, im äussersten Norden Syriens am Meer (104, 6[4], vgl. 1, 39. 151, 55) gelegen, also etwa in der Gegend von Seleukia

[1] Äg. 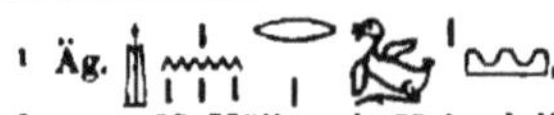, M. Müller, S. 193. 396. Es ist einer der wenigen Orte der von M. Müller als Naharinliste bezeichneten Liste Thutmosis' III (Liste von Karnak nr. 120 ff.), die sich in den Amarnatafeln wiederfinden. Ausser  nr. 166 = Ullaza sind es nur  213 = Alašia, 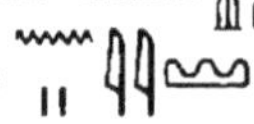 132 = Nii,  127 = Dunip und vielleicht Zinzar nr. 173, s. u.

[2] Es ist wohl identisch mit Gizza 142, 27. 32.

[3] Die sog. Rutunuliste reicht mit den Namen Qadeš 1, 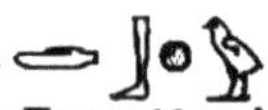 Dbchu 6 = Tubiḫi an der phönikischen Küste Brief 127, Damaskus 13, Ḫamat 16 und Chašabu 55 weit über die Grenzen Palästinas hinaus. Offenbar sind aus dem von Thutmosis selbst durchzogenen und ausgeplünderten Gebiete möglichst viele Orte, aus den ferner gelegenen Fürstenthümern, die sich dem Pharao nach der Schlacht von Megiddo unterwarfen, nur die Hauptstädte genannt.

[4] Die daneben genannten „Länder von Zaluḫḫi“, aus denen und Ugarit der Fürst von Byblos sich Lebensmittel holen soll, könnte man zur Not mit 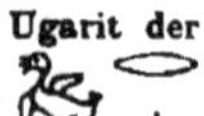  bei Thutmosis III 342 (Maspero rec. VII, p. 96) identificieren.

Pieria, und ebenso wie Tyros (70 rev. 23) kein Vasallenstaat der Ägypter, ist bekanntlich das ägyptische 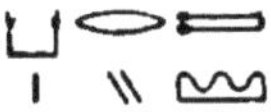 *'krit*]. Vielmehr dringen die Cheta jetzt gegen Nuḫašši vor (37. 45, 21 ff. 46. 47, vgl. 48, 26), auch hierbei von Aziru unterstützt (138, 16 ff.), während dieser in seinen Briefen an den Pharao Angst vor ihnen heuchelt, dass sie in sein Land[1] einfallen könnten, und die Besorgnis äussert, sie könnten Dunip erobern (46, 25. 47, 38). In Wirklichkeit erobert gerade er zuerst die aus den ägyptischen Denkmälern bekannte Stadt Nii am Euphrat (41, 28. 120, 13) und dann, nach einem vergeblichen Verzweiflungsruf der Bewohner an den Pharao (41), Dunip selbst[2]. Schon vorher haben die Chetiter, Aziru und Itakama zusammen das Reich des Akizzi von Qatna ausgeplündert und ihnen den Sonnengott (oben S. 68) geraubt (138 rev. 139, 37. 140), ja dieser muss mit dem Chetakönig Verbindungen anknüpfen, wegen deren er sich dem Pharao gegenüber (139, 11) verteidigt. Er versichert, dass wie er, so auch die Könige von Nuḫašši, Nî, Zinzar (=  der Amenemḥeb-inschrift und vielleicht  bei Thutmosis III 173 [M. Müller S. 267] = Sizara Šeizar, j. Kal'at Seidjar am Orontes unterhalb Ḥamât) und Kinanat (unbek.) dem Pharao treu seien; der Brief ist also kurz vor Azirus Zug gegen Nî geschrieben.

Aber auch im Süden haben die Rebellen Verbindungen, vor allem mit dem sonst unbekannten Tiuwatti von Lapana und mit Arzawija von Ruḫizi. „Wenn diese beiden im Lande Ubi sitzen," schreibt Akizzi 139, 56 ff. „. . . gehört das Land Ubi nicht mehr meinem Herrn; täglich fordern sie Aidaggama auf, ganz Ubi zu erobern. O Herr, wie Damaskus (Timašgi, 142, 21 Dimašqa = äg.  Timasqu Thutm. III 13) im Lande Ubi nach deinen Füssen die Hand ausstreckt, so auch Qatna." Diese beiden Städte sind also noch treu. Das Land Ubi ist offenbar das ägyptische  Opa[3], dessen Lage somit als die Ebene von Damaskus bestimmt ist. Daraus folgt dann, dass das Land Charu, das nach einer bekannten Stelle (pap. Anast. III,

[1] Hier 46, 24 ideographisch mát Martu geschrieben.

[2] 51, 12. 34 ist die Stadt in seinem Besitz. Max Müllers Zweifel (S. 257) an der Identität Tunips mit Tinnab nordwestlich von Aleppo wird dadurch bestätigt; es muss weiter südlich zwischen Nuḫašši und dem Amoriterland gelegen haben.

[3] Dass für *b* im ägyptischen *p* erscheint, beweist nichts gegen die Identität, vgl. Kpni = Gublu Gebel Byblos und die anderen von M. Müller S. 82 zusammengestellten Beispiele.

1, 10, trotz M. Müller S. 152) von der ägyptischen Grenzfestung Zaru bis Opa reicht, in der That unserem Palästina entspricht. Die Identität von Charu mit den hebräischen Choritern ist mir nicht mehr zweifelhaft; dass im Alten Testament der Name auf das Gebiet des späteren Edom beschränkt ist, bietet keinen Anstoss.

Arzawija von Ruḫizi (so ausser 139, 36. 56 auch 126, 24) oder wie der Name in seinem Brief 175 geschrieben zu sein scheint — die Lesung ist nach der Originalpublication unsicher — Miḫiza[1], dessen Reich nach 177, 21. 182, 7 in Palästina in der Nähe von Gazer zu suchen ist, hat wieder einen Verbündeten in einem Dynasten Biridašja; (ob identisch mit Biridija von Megiddo 192—195? vgl. 159, 19). Beider Hauptgegner ist Namjawazi, den sie unterstützt von Itakama und Aziri bekriegen (151, 61. 142. 143, vgl. 63 rev. 10. 13. 139, 34), während Namjawaza sich in der Stadt Kumidi verteidigt[2]. Diese Stadt, das ägypt. 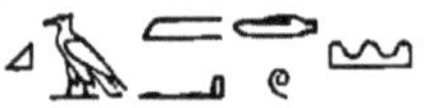 Qam'du LD III, 131a unter Seti I (M. Müller S. 193. 396, der es mit grosser Wahrscheinlichkeit mit dem גמדים Ezech. 27, 11 identificiert), muss nördlich von Palästina gelegen haben. Es ist offenbar, worauf Guthe mich aufmerksam gemacht hat, der heutige Ort Kâmid el-Lôz nördlich vom Hermon an einem zum Leontes abfliessenden Bach, östlich von Djibb Djenin auf der Libanonkarte in Bädekers Palästina.

Während dieser Kämpfe ist in Ägypten der Thronwechsel eingetreten (87, 62 ff. 94, 10 ff.); wie es scheint hat erst der neue Pharao den Paḫuru (auch Biḫura und 180, 45. 182 rev. 4 Pauru), ägyptisch  „der Choriter“, ein sehr häufiger Eigenname, als rabiṣu (General) entsandt. Er hat nicht viel ausgerichtet[3], vielmehr wussten die Rebellen ihn zu gewinnen, so namentlich Itakama, der sich als von Namjawaza angegriffen hinstellt (146). Auch gegen Ribaddi in Byblos schreitet er ein (77. 100) und bringt so die ägyptische Partei um allen Halt. Zu kriegerischen Thaten hatte er offenbar keine Macht. Wie es scheint hat er sich in Kumidi festgesetzt — Namja-

---

[1] Das könnte zur Not 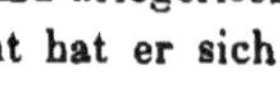 Thutm. III 61 sein. In den Briefen 175—177 stellt er sich als treuen Vasallen hin, entschuldigt sein Vorrücken gegen Gazri, und erbietet sich zur Heeresfolge gegen die Rebellen.

[2] Ein anderer Fürst von Kumidi 141.

[3] Noch später entsendet der König den Ḫanni an Aziru, dem er auf Grund der Denunciation eines Fürsten (eben des Namjawaza 142) sein Bündnis mit dem Fürsten von Qadeš vorwirft 50, 22 ff. Wie Aziru dem Ḫanni aus dem Wege geht (51), hat Winckler sehr hübsch dargelegt.

waza stellt 144 seine Truppen dem König zur Verfügung — aber Ribaddi sieht voraus, dass er sich hier nicht wird behaupten können (87, 75 94 rev. 20ff.). Auch für den Schutz Jerusalems, wo sich Abdḫiba vor allem der beiden Söhne Lapajas zu erwehren hat, thut er nicht viel, sondern zieht sich schliesslich nach Gaza zurück (180, 45. 182 rev. 4ff.). Um dieselbe Zeit operiert hier der Ägypter Šuta mit Namjawaza zusammen gegen die Feinde (159. 181). Sonst können wir uns auf die Verhältnisse Palästinas hier nicht weiter einlassen; alles nördlich davon gelegene Land ist in diesen Wirren thatsächlich der ägyptischen Suprematie entzogen worden[1].

[1] Von den in den Briefen genannten Orten kommen sonst noch in den ägyptischen Texten vor (meistenteils sind sie schon von M. Müller identificiert): a) an der Küste die Phönikerstädte Arados, Simyra, 'Arqa (S. 69), Ulluza (S. 70), Byblos, Berytos, Sidon, Tyros mit Usû äg. M. Müller 194, durch die Briefe als die festländische Ansiedlung Palaityros gegenüber der Insel erwiesen, weiter Akko, Askalon, Joppe, Gaza, ferner das bekannte Jenu'am 142, 8 (Jinuamma, fällt an Namjawaza ab) und Astarti ib. = Thutm. III no. 28; b) im Binnenlande Megiddo, Gazer, Ajalon, Ḫaṣuru 154, 41. 202. 203 = Thutm. III 32, pap. Anast. I, 21 = חצור Jud. 4. Jos. 11, der mächtigste Königssitz in Galiläa. — Gadašuna 267 ist Kitsuna Thutm. III 4, 'Urza 234 das bekannte Jirza, Magdalim 237, 26. 281, 14 Thutm. III 71 eins der palästinensischen Migdol, Šamḫuna 220 Thutm. III 35 Šam'an, aber schwerlich שמעון; Šašḫimi 252 Ašušhan Thutm. III 58, Qanû 251 Qanô Thutm. III 26. Ziribašani 139, 42 Zar-basan Mariette Abyd. II,50 (vielleicht „Zar oder Zir in Baschan"). Leider lässt sich über diese Orte meist nicht mehr sagen, als dass sie in Palästina zu suchen sind. Nicht weit von Jerusalem lag Rubuta 182, 13. 183, 10 = Rbtu Thutm. III 105; das benachbarte Gimti 183, 8. 185, 6 (ebenda und 181, 26 daneben Ginti Kirmil d. i. Ginti am Karmel) ist die spätere Philisterstadt Gat und identisch mit Thutm. III 63. ib. 70, oder ib. 93; vgl. auch Kintu-asna ib. 44. — Endlich findet sich Se'ir unter Ramses III, gr. pap. Harris 76, 9 als Ši-i-ri 181, 26, wo Abdḫiba schreibt: „siehe, die Länder von Ši'ir bis zur Stadt Ginti Kirmil — also vom Edomitergebirge bis zum Karmel —, verloren sind ihre Fürsten". — Von ägyptischen Orten findet sich nur Magdali 159, 28, wohl das Migdol Ramses' III, und Memphis als Ḫikubta 53, 37 mit seinem heiligen Namen Ha-ka-ptaḥ, den man gewiss nicht hier erwartet hätte.

Die Truppen der Dynasten werden wiederholt als Sutî oder Šutî bezeichnet. Diese Sutî finden sich nicht selten auch bei den Assyrern als Nomaden und Bogenschützen (Sargon Khors. 82 „gefangene Bogenschützen der Sutî") s. Delitzsch, Paradies 234 ff., der sie in den Steppen östlich vom Tigris sucht; jetzt ist es wohl nicht mehr zweifelhaft, dass sie die (semitischen) Beduinen sind, welche das Wüstenland Syriens und Mesopotamiens bis an die elamitische Grenze bewohnen (Sargon Khors. 123. 135). Schon der Assyrerkönig Pudiel (um 1350) bekriegt sie und mit ihnen die Aḫlamê (Ramânnirâri I Zl. 20, vgl. Peiser in der Keilinschr. Bibl. I, S. 5, 8); sein Grossvater Assuruballit redet davon, dass die ägyptischen Boten durch die Suti belästigt werden (Brief 15, rev. 12 ff.), und ein andrer Brief (296) redet von den Beziehungen der Aḫlamau zum König von Karduniaš. Wohl mit Recht sucht Winckler in letzteren die in Mesopotamien eindringenden Aramäer. — Nun werden auch bei den Ägyptern die Asiaten   *St-tiu* genannt, woneben die Schreibung  steht, die „Bogenschützen" zu bedeuten scheint[1]. Es liegt nahe, hier einfach Sutî zu lesen. Die Ägypter haben den Namen dann auf alle Asiaten übertragen[2].

Die Sutî, d. h. beduinische Söldner, erscheinen 52, 24. 28[3] als Truppen des Aziru: 64, 16 werden beim Aufstand Abdaširtas „seine (des Pharao?) [Su]ti und Širdane" genannt. 283, 24 soll der König „seine Šuti" (*ṣabi šu[tišu]*; die Ergänzung ist sicher) dem Schreiber zur Verfügung stellen. Namjawaza versichert 144 „ich mit meinem Fussvolk und meinen Wagen und mit meinen Brüdern und mit meinen SA GAS und mit meinen Sutî stehen zur Verfügung des Heeres" des Pharao, hat also Suti- und SA GAS-Truppen angeworben; dem entspricht es, dass Itakama ihn 146 rev. 9 ff. beschuldigt „alle Städte des Königs im Lande Qadeš und im Lande Ubi" den SA GAS überantwortet zu haben. Namjawazas Sutîtruppen hat offenbar Paḫura übernommen; sie erschlagen in Byblos die dort stehenden Širdana zum Entsetzen Ribaddis (77, 13. 100, 31 ff.). Andrerseits erscheinen 206, 16

---

[1] S. Max Müller, S. 46. 126 ff.

[2] Ähnlich Jensen, Z. Assyr. X, 330. Ständig gebraucht z. B. Amenḥotep II in seiner Inschrift Äg. Z. 1879, 56 ff. = Rec. XIII, 160 f. 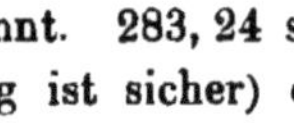 für die Bewohner der syrischen Städte.

[3] Die Textpublication bietet an der zweiten Stelle (Zl. 28) Ja-u-du-, was aber wohl Lesefehler ist, da Winckler in der Transscription an beiden Stellen Su-u-du ohne weitere Bemerkung gibt. Eine authentische Aufklärung wäre erwünscht.

und 216, 13 die Sutibeduinen mit den SA GAS „den Räubern" zusammen als Bedränger des Japaḫi von Gazer und des Dagantakala (wohl in Ašdod oder Gaza wegen des Gottesnamens Dagon).

Noch viel häufiger als die Suti erscheinen als die Truppen und Bundesgenossen der Rebellen die an den angeführten Stellen 144 (vgl. 146) und 216 neben ihnen genannten SA GAS oder GAS. Mit vollem Recht hat Winckler erkannt, dass dies Ideogramm durchweg Chabiri zu lesen ist, wie der Name in den Briefen Abdḫiba's von Jerusalem geschrieben wird, und dass diese Chabiri in der That keine anderen sind als die Hebräer[1]. Die Dynasten, welche sich unabhängig machen wollen, ziehen die hebräischen Beduinen ins Land hinein. Die Amarnatafeln lehren uns die Anfänge der Festsetzung der Israeliten in Palästina kennen. Genauer darauf einzugehen ist an dieser Stelle unmöglich; nur darauf sei hingewiesen, wie vortrefflich es dazu stimmt, dass, wie wir jetzt wissen, der Stamm Israel zur Zeit Merneptah's bereits in Palästina, wie es scheint zunächst etwa im Gebirge Ephraim, ansässig war.

Ist in den ägyptischen Denkmälern von dieser Invasion der hebräischen Nomaden im syrischen Kulturland keine Spur zu finden? Ich glaube allerdings, dass sie sich aufzeigen lässt. Der erste Feldzug, den Seti I zu führen hat, als er die ägyptische Herrschaft in Syrien wieder herstellen will, ist gegen die Šasu gerichtet. Das sind zunächst die Nomaden der Sinaihalbinsel. Aber wir haben die Bedeutung dieser Kriegsthat, auf die Seti I offenbar grosses Gewicht gelegt hat und die er in Karnak ausführlich hat darstellen lassen, stark unterschätzt, wenn wir glaubten, es handle sich nur um eine Razzia gegen Beduinen und eine Sicherung des Wüstenwegs. Allerdings wurde auch diese durch den Krieg bewirkt; aber sie war nicht der Hauptzweck des Unternehmens. Ausdrücklich giebt Seti als Anlass des Kriegs die Meldung an, dass „die Häuptlinge der Šasu sich vereinigt und auf dem Gebiet von Charu (Palästina) festen Fuss gefasst hätten, und dass hier allgemeine Anarchie herrsche, bei der jeder den andern töte und niemand sich um die Vorschriften des (ägyptischen) Hofes kümmre" (LD III, 128a). Das ist durchaus nicht Phrase, wie W. M. Müller S. 137 meint, sondern der Zustand, dessen Entwicklung uns die Amarnatafeln lebendig vor Augen führen. Die Šasu, die sich in Palästina festgesetzt haben, sind keine andern, als

[1] Vgl. seine Geschichte Israels, deren kühnen Combinationen ich allerdings sonst vielfach nicht beizustimmen vermag.

Chabiri, die Hebräer[1]. Daher erklärt es sich, dass, als Seti die Šasu geschlagen hat „von der (ägyptischen Grenz-)Festung Zaru bis zum (Lande?) Kana'an“ und ihre Hauptmacht an der „Burg des Kana'an“ im Gebirge an einem Bach vernichtet hat (LD III, 126a) — der Kampf beginnt also, wie natürlich, auf der Sinaihalbinsel und setzt sich über die Gebiete der Stämme Levi und Simeon bis etwa ins Gebirge Juda fort — die Magnaten von Palästina (Charu) ihn huldigend begrüssen (126b) und er sofort gegen die nördlicheren Gebiete, von allem das Amoriterland, das Reich der Nachkommen Abdaširta's und Aziru's, vorgehen kann. Hier giebt es harte Kämpfe, vor allen bei Jenu'am und der Amoriterstadt Qadeš — eine dritte Stadt „Qaduru im Lande Henma?“ (M. Müller S. 202) ist leider nicht identificierbar — doch enden sie siegreich und die Magnaten des Libanongebietes (M. Müller S. 197ff.) fällen für den Pharao Cedern im Gebirge. Dagegen scheint der Zusammenstoss mit den Chetitern zu keiner Entscheidung geführt zu haben.

Wie man sieht, brachte Setis Feldzug dem südlichen Syrien Erlösung von den Wirren, die mit dem Ausgang der Regierung Amenḥoteps III begonnen hatten. Dem Vordringen der Israeliten wurde ein Ziel gesetzt; was nicht erschlagen wurde, musste dem Pharao huldigen. Der Wiederaufrichtung der ägyptischen Herrschaft ist es zu danken, dass die Israeliten, wie das erste Kapitel des Richterbuchs berichtet, im wesentlichen nur das Gebirge besetzen konnten und in den meisten Städten und Thälern sich die Kanaanäer noch Jahrhunderte lang selbständig behaupteten. Um so mehr wird man bedauern, dass wir über Setis Feldzug nur einen Bildercyklus mit kurzen erläuternden Inschriften, nicht einen zusammenhängenden historischen Bericht besitzen.

[1] Man beachte, dass diese nach ägyptischem Sprachgebrauch gar nicht anders bezeichnet werden konnten, als durch Šasu, wenn man nicht ihren speziellen Stammesnamen transscribieren wollte.

Das phönikische Rezept des Papyrus Ebers.

Von

W. Max Müller.

Als G. Ebers im Jahre 1872 die seitdem so berühmt gewordene Handschrift des Papyrus Ebers erwarb, zog vom ersten Moment an unter den Hunderten von Rezepten des langen medizinischen Kompendiums jenes einzigartige Rezept seine besondere Aufmerksamkeit auf sich, welches asiatischen Ursprung beansprucht. Diese Stelle des grossen Papyrus, die auf den „Asiaten aus Byblos“ (*Kup-ni*) zurückgeht, ist seitdem viel in der ägyptologischen Litteratur erwähnt worden, eingehende Untersuchungen hat sie aber trotzdem nicht gefunden. Allerdings ist die Stelle sehr schwierig. Was sich davon zur Zeit verstehen lässt, hat G. Ebers (Abh. der phil. Kl. der K. Sächs. Ges. der Wissensch. XI, 1889; das Kapitel über die Augenkrankheiten im Pap. Ebers, S. 295) übersetzt. Mehrere der im Rezept angegebenen Droguen werden sich schwerlich je bestimmen lassen, auch ist der Text sicherlich nicht unbedeutend verderbt[1]. Wohl aber ist es für jeden Leser leicht gewesen, drei fremdartig und unägyptisch aussehende Wörter in dem Rezept zu bemerken, in denen man sofort semitisches Sprachgut vermuten musste. Mit der Bestimmung dieser drei Wörter und der Frage nach der Herkunft des Rezeptes wollen wir uns hier begnügen.

[1] So am Schluss „auf das *Mittel* (sic! lies: Auge) zu thun“. Vorher muss eine Angabe, wie die verschiedenen, mehr oder weniger festen Droguen zu verbinden sind, ausgefallen sein. Hinter *tbn n ḫnd* (was das ist, bleibt ganz dunkel; es muss vom Menschen zu nehmen sein) fehlt eine Maassangabe, die wir unbedingt ergänzen müssen. Ich vermute, dass hinter *tbn n ḫnd* ein „zu mischen“ *šbn* stand, das durch Homoioteleuton ausfiel und den Ausfall der Maassbezeichnung veranlasste.

Die drei Fremdwörter sind:

(Ebers 63, 9)  (syllabisch umschr.) *ʿ(^{a})-za-u-ru-n*

 *ṯu-ṯ($^{u?}$)-k^{e}-n*

(Z. 10)  *'(^{a})-b^{e}-nu* (eigentlich *n-nu!*).

Alle drei Wörter sind gleichmässig als „körnige oder pulverige Substanz“ determiniert, was etwas verdächtig aussieht und uns schliessen lässt, der Ägypter habe hier ihm nicht recht verständliche Wörter wiedergegeben.

Bei dem letzten, אבן, allerdings liegt ein ziemlich häufig vorkommendes Lehnwort vor. Ich habe bereits früher [1] die Stellen dafür gesammelt und die Gleichheit mit koptischem ⲱⲃⲟⲛ (einmal spät ⲁⲃⲟⲛ) festgestellt. Nach den Scalen wäre das شَبّ, worunter jetzt „Alaun, Vitriol, Schwefelsäure“ etc. zusammenfallen. Unser Alaun kannten die Alten überhaupt nicht, unter alumen und στυπτηρία warfen sie alles Mögliche zusammen, und so wird auch ein guter Kenner solcher Fragen nicht bestimmt sagen können, welche leicht löslichen Mineral- oder Erdarten von saurem (zusammenziehenden?) Geschmack der Ägypter *oben* nannten. Dass semitisches אֶבֶן *abn* „Stein“ vorliegt (vgl. das Determinativ „Stein“ l. l.) ist aber klar. Die Wiedergabe von betontem *ā* mit *o* (vgl. auch den Dual *obnajim*) ist sehr gewöhnlich [2]. Wir müssen annehmen, dass die Semiten den alaunähnlichen Stein „Stein der Bitterkeit“ oder ähnlich nannten; im Handelsverkehr mit Ägypten wurde der Ausdruck durch Weglassen des näher bestimmenden Genetivs abgekürzt, wofür sich ja genug Analogien liefern lassen.

Ṯu-ṯ-ke-n kann mit Wiederholung des *u* gelesen werden, zumal die Urhandschrift  für *ṯutu* gehabt haben könnte. Die Umschreibung des *ṯ* ist nicht leicht. Für das Ohr des Ägypters fielen ז *z* und ס *s* zusammen, er hatte weiterhin Mühe, *z* von *ṣ* (צ) zu unterscheiden, und auch *ś*, *š* (שׂ, שׁ) wurden gelegentlich hereingemischt. Ich glaube demnach, dass hier ein *zuzuken* wiedergegeben werden soll und dass darin nichts weiter steckt als der semitische Name des Majorans. Vgl. jüdisch-aramäisch שומשוק Löw, Aram. Pflanzennamen 135 (שֻׁמְשְׁק daneben, Levy, Neuhebr. Wörterb.). Das arabische سمسق scheint mir wegen seiner fünffach wechselnden Vokalisation (*sumsuk*

[1] Asien u. Europa, S. 188.

[2] Über die Segolatformen mit angehängtem *u* vgl. Asien und Europa, S. 312. Die Öffnung der Silbe scheint aber kanaanäisch, nicht innerägyptisch.

samsak etc.) eine alte Entlehnung aus dem Aramäischen[1]. Auch die Griechen haben das Wort als σάμψῦχον, σάμψουχον entlehnt, offenbar nicht von den Aramäern[2], sondern von den Phönikern, wie ich vermute, auf Cypern, dessen σαμψύχινον μύρον ein berühmter Artikel war.

Es scheint aber, der Ägypter meinte (getrocknete und abgestreifte) „Majoranblüten" *sû(m)sukîn*, einen phönikischen Plural. An der Wiedergabe ist nichts Unerhörtes. Die bis jetzt in 4 Fällen belegte[3] Wiedergabe von ש mit *ṯ* wäre hier, wo *s* wegen des *m* ähnlich wie tönendes *s* (*zumzuk*) lauten konnte, wenig befremdend, noch weniger die ziemlich häufige Umschreibung von ק mit *k*. Vgl. zudem unten. *M* kann durch Auflösung (*um—uw—û*) in einem langen Vokal oder eher durch Assimilation an das folgende *š* verloren gegangen sein. Wir wissen einstweilen nicht, ob das *m* etymologisch ist und nicht z. B. auf Nasalierung des Stimmtones zurückgeht. Die Herkunft des offenbar nicht ursemitischen Wortes bleibt ja dunkel. Soviel ich weiss, ist der Majoran der arabischen Urheimat der Semiten fremd; sie wurden wohl in Nordmesopotamien damit bekannt.

Weit schwieriger ist das noch übrige *'azaurun*, das unter keiner dreikonsonantigen Wurzel sich unterbringen lässt. Fasst man es aber direkt als Quadrilitterum auf, so ergiebt sich sofort die Verbindung mit dem Stamm עצפר.

Bei allen Nichtbotanikern herrscht mehr oder weniger Verwirrung zwischen zwei sehr ähnlichen Wörtern und Pflanzen, dem Safran κρόκος, crocus sativus زَعْفَرَان und dem Saflor κνῆκος, carthamus tinctorius عُصْفُر oder dem unächten Safran, womit der ächte viel verfälscht wird. Mir scheint es klar, dass beide Wörter auf denselben Stamm عصفر zurückgehen und der arabische Name des Safran durch Anlehnung an eine in der Wiedergabe des ع und ص ungenaue Sprache differenziert wurde. Man wird natürlich an alte babylonische (oder halbaramäisch-babylonische) Dialekte am Euphrat denken. Was die assyrischen Vokabularien unter *aṣ* (oder *z*)*upiri* (Meissner, Z. Ass. VI, 1891) oder *aṣ*(*z*)*upiranitu* (Delitzsch, Handwörterbuch 38) verstanden, können wir nicht sicher sagen, aber es bleibt wahrscheinlich, dass wir in diesen zwei Wörtern den Saflor und Safran, nicht eine Pflanze (Meissner, Delitzsch) haben. Löw, Aram. Pflanzennamen, S. 219 scheint עוצפּר für einen ächt aramäischen Namen des Safran zu halten, obwohl es nur in der Pflanzenliste des Assaf vorkommt; es ist wohl nur aus dem

[1] Vgl. zum *s* Fränkel, Aram. Lehnwörter XXI.

[2] Obwohl die syrischen Geoponica es graezisieren.

[3] Vgl. Asien u. Europa, S. 102.

Arabischen genommen und verrät die weitgehende Verwechslung, von der wir sprachen. Irre ich mich nicht, so liegt im Griechischen dieselbe Verwechselung der Pflanzen ursprünglich vor, denn κνῆκος cnicus, und κρόκος scheinen Differenzierungen der Urform, die als *kamkam* und *kurkum* erscheinen konnte. Die Verwirrung zwischen *kurkum* und ähnlichen indischen (*kurkum*) und arabischen (*kamkam*) Droguen ist noch vielfach ungelöst[1], darum bleibt auch die Geschichte des Wortes sehr dunkel. Unser phönikisches *'azaurun* würde zunächst auf den Safran gehen; sollte es den verbreiteteren und vielleicht in Westasien älteren Safflor bedeuten oder vielleicht einschliessen, so änderte das nicht viel[2].

Nachdem wir drei semitische Lehnwörter in unserm Text bestimmen und bei zwei feststellen konnten, dass sie offenbar ohne Verständnis ihrer Bedeutung mechanisch umschrieben sind, haben wir allen Grund, das Rezept für ächt phönikisch und genau seinem Titel entsprechend zu halten[3]. Man darf weiterhin die Frage aufwerfen: stammt das Stück aus mündlicher Überlieferung oder aus einer Keilschriftvorlage, wie so viel semitisches Sprachgut bei den Ägyptern? Ich glaube bestimmt das Letztere, von vorneherein Wahrscheinlichere. Die mechanische Wiedergabe der zwei seltenen Wörter spricht entschieden dafür. So erklärt sich das *k* für *ḳ* in dem vermutlichen *šu(m?)-šu-ḳi-nu* weit leichter und die Auffassung des *m* als Verdoppelungs- oder Längezeichen. Die Wiedergabe des ש mit *ṯ* anstatt mit gewöhnlichem *s* bei Keilschriftvorlagen würde bei mündlicher Überlieferung leichter erklärlich sein, ist aber auch sonst gut denkbar. Völlig sicher scheint mir jedoch die Keilschriftvorlage durch das *azaurun* gestellt. Das Ausfallen des *p* aus phonetischen Gründen stünde nach allen Seiten ohne Parallele da, besonders für das Ägyptische liesse sich absolut keine Erklärung geben. Keilschriftlich musste das Wort *a-z(s)a*(oder *u?*)*-pi-ru-ni* lauten, wenn nicht der Kanaanäer

[1] Siehe Gesenius-Buhl, Handwörterbuch [12], S. 366, Löw, Aram. Pflanzennamen, S. 215 ff. etc.

[2] Man beachte, dass der Leydener gnostische Papyrus 14, 18 vom *grugus* spricht, wofür also ein ägyptischer Namen fehlte. Nur für den Safflor soll ein Name ⲱⲑⲟⲁⲓⲟ (oder ⲱ) vorkommen, s. Peyron 92. Anscheinend wuchs also nur dieser in Ägypten was wieder für den Saffran spräche. Loret's Flore Pharaonique ist mir leider unzugänglich.

[3] Im allgemeinen haben wir kein Recht, die magisch-medizinischen Bücher der Ägypter da, wo sie ausdrücklich fremde Entlehnung angeben, des frommen Betrugs zu zeihen. Die „meroitische" Beschwörung des Leydener Papyrus oder die „in der Kefto-Sprache" des Londoner können wir nicht beurteilen. Im Gallimatthias (Harris 500 c. z. B.) sieht man oft, was semitisch sein soll, wenn es auch armseliges Semitisch ist.

den sehr gebräuchlichen Ausweg ergriff, *bi* für das polyphone *pi* zu schreiben. Dass er es hier nicht that, rächte sich. Der ägyptische Keilschriftkundige, dem das Wort nicht geläufig war, fasste  *pi* als Halbvokalandeutung (', *yi*, *wu*, *wi* etc.) auf; er scheint es demnach mit *u* wiedergegeben zu haben.

Hoffentlich untersuchen andere diese Theorie weiter. Wird sie bestätigt, so haben wir die Herrschaft der babylonischen Keilschrift in Palästina etc. ein gutes Stück weiter hinauf festgestellt. Bis jetzt vermochte ich dieselbe bis auf die Zeit Thutmosis III. zurückzuverfolgen[1]; der bekanntlich unter Amenophis I. (ca. 70 Jahre vorher) geschriebene Papyrus Ebers würde uns mit diesem, nach den Schreibfehlern einer nicht unbeträchtlich älteren Handschrift entnommenen, Rezept mindestens in die Zeit Amasis I., noch wahrscheinlicher in die der letzten Hyksoskönige, zurückführen. Jener *Rōphē* aus Phönikien war also sicher ein asiatischer Unterthan des ägyptischen Königs, 150 oder mehr Jahre vor den Amarnatafeln. Wie es kam, dass er seine Weisheit nach Ägypten brachte, wird dadurch ein gutes Stück verständlicher. Somit wird der grosse Papyrus, durch dessen Herausgabe G. Ebers sich ein solch bleibendes Denkmal gesetzt hat, als ein Dokument auch zur Geschichte Phönikiens, der semitischen Sprachen und der Keilschrift in gewissem Sinne angesehen werden müssen.

---

[1] Asien S. 393 zu 159.

Philadelphia, Januar 1897.

Der Verstorbene als Schreibpalette und die Schreibpalette als Osiris.

Von

Richard Pietschmann.

Im 94. Kapitel des Totenbuches haben wir eine Beschwörung in Form einer Anrufung, die an den „seinen Vater schauenden Grossen", den „Buchwart des Dhoute" gerichtet ist. Ihm meldet sich der Anrufende, indem er sich unter anderm für einen „Geist", einen „Gewaltigen", „ausgerüstet mit Schriften des Dhoute", ausgiebt, und verkündet ihm: „ich bringe das Wassergefäss[1], ich bringe die Schreibpalette, als Handwerkzeug des Dhoute, mit göttlichen Geheimnissen darin. Ich bin da, ich, ein Schriftkundiger, ich bringe die Leiche des Osiris . ."[2]. Die Abbildungen, welche den Text begleiten, stellen dar, wie Jemand Napf und Palette dem ibisköpfigen Gotte darreicht. Gelegentlich ist ausserdem auch der Tornister zu sehen, in welchem der ägyptische Schreiber seine Utensilien bei sich zu tragen pflegt. Ein andermal zeigt uns die Abbildung das Arbeitstischchen des Kanzlisten und auf diesem jene beiden Schreibgeräte[3].

---

[1] Vgl. hierzu auch die Stele aus der Zeit Ramses IV., die Mariette (Abydos Bd. 2 Taf. 55) und Piehl, (Zeitschrift für ägyptische Sprache 1884, S. 40) veröffentlicht haben, wo es heisst: „O Dhoute, ich habe dir deine Palette gegeben und dein Wassergefäss dir mit Wasser gefüllt, ich habe dich werden lassen zum Schiedsmann der beiden Partner-Brüder (d. i. des Hör und des Sêt) und habe dir Übel vertrieben, ich habe werden lassen gross deine Kraft, so dass du einherfährst im grossen Ungewitter". Der letzte Satz bezieht sich offenbar auf den Vorgang der Mondfinsternis. Der Text lehrt nebenher, dass die üblichen Übersetzungen „encrier", „inkstand", „Tintenfass" die Bestimmung des *ps*, *pꜣs*, *pws* genannten Geräts nicht richtig wiedergeben.

[2] Ich folge hier Naville's Texte. Vgl. übrigens die Übersetzung von Le Page Renouf in den Proceedings of the Society of Biblical Archaeology Bd. 16, S. 220f.

[3] Vgl. die von Naville und von Le Page Renouf publizierten Vignetten, auch Monum. égypt. de Leide Sect. T, Taf. 22.

Das Palettenbrett mit den beiden Vertiefungen, in denen die beiden Tuschen für Rot und für Schwarz aufgeklebt sind, und dem Einschnitte, in welchem die vorrätigen Schreibstifte stecken, bildet ja zusammen mit dem Behälter, welcher das Wasser zum Anfeuchten der eingetrockneten Farbstücke enthält, in den Augen des Ägypters das Wesentlichste, was zum Schreiben gehört. Napf, Schreibstift und Farbenbrett, diese auch als Hieroglyphe seit ältester Zeit so unendlich oft wiederkehrende Zusammenstellung führt auch eigens die Benennung *dbḥ*, das heisst das „Erforderliche“[1], oder, wie es einmal H. Brugsch treffend übersetzt, das „Nécessaire“ des Schriftgelehrten. Eines Blattes Papyrus oder einer Tafel, darauf zu schreiben, bedarf es keineswegs so unbedingt, wenigstens nicht für den Ägypter, der durchaus gewohnt war, kurze Aufzeichnungen ohne weiteres auf die Flächen zu schreiben, welche sich ihm auf der Vorder- und auf der Rückseite der sogenannten Palette darboten[2]. Und dieser Brauch muss uralt gewesen sein, denn auch in Dhoute's Hand sehn wir, wenn er als im Schreiben begriffen dargestellt wird, so besonders, wenn er bei der Totengerichtsszene das Ergebnis der Herzenswägung zu Protokoll nimmt, der Regel nach nichts weiter als Schreibstift und Palette. Aber ohne „Handwerkzeug“ vermag selbst der Gott seines Amtes als Schriftführer nicht zu walten. Jedoch sind seiner Obliegenheiten viele, und er ist einer der grössten unter den Göttern; sogut wie der König[3] wird daher auch Dhoute sich ohne einen besonderen „Schreibzeug-Träger“ nicht behelfen. Wer daher sich gegenüber „Dhoute's Buchwarte“, dem „seinen Vater schauenden“ d. h. bei ihm aus- und eingehenden „Grossen“, als ein schriftkundiges gewaltiges Wesen einführt, das als Überbringer von Wassernapf und Palette kommt, der spricht damit ein Stichwort aus, das unbedingt den Zutritt zu dem Gotte erschliesst. Dies ist offenbar die Fiction, oder, wenn man lieber will, die Überzeugung, aus der heraus der Spruch vom Überbringen des Schreibgeräts des Dhoute ursprünglich abgefasst wurde und magische Geltung haben sollte.

---

[1] Mit den Worten „das Erforderliche (*dbḥ*) des Schreibers“ wird auch die erwähnte Hieroglyphe im sogenannten Sign Papyrus von Tanis (19, 8) ausdrücklich bezeichnet.

[2] Ich werde Gelegenheit haben, ausführlicher hierauf in einer Abhandlung zurückzukommen, welche in der „Sammlung Bibliothekswissenschaftlicher Arbeiten, herausgegeben von Karl Dziatzko“ erscheinen soll.

[3] Vgl. Ad. Erman, Ägypten, Bd. 1, S. 166; und dazu auch Mariette, Mastabas S. 253 und 455, wo das „Handwerkzeug“ mit dem Bilde des kofferartigen Behälters determiniert wird, in dem es steckt.

Ähnliche Anschauungen findet man gerade unter den älteren Formeln, die sich auf das Leben nach dem Tode beziehen, bei den Ägyptern sehr reichlich vertreten. Wünscht der Verstorbene z. B. in die Welt des Tageslichts zurückzukehren, wie alle Morgen aufs neue die Sonne aus dem Schattenreiche wieder hervortritt, so hat er nichts weiter zu thun, bleibt ihm aber auch nichts weiter übrig, als es genau der Sonne nachzumachen, d. h. genau dieselben Sprüche anzuwenden, mit deren Hilfe jedesmal der Sonnengott Atôm sich den Durchgang erzwingt. Es sind die Sprüche, die uns im 17. Kapitel des Totenbuches z. T. arg verunstaltet und mit teilweise nahezu aberwitzigen Auslegungen versehen vorliegen. In ihrer ursprünglichen Gestalt läuft ihr Inhalt auf weiter nichts hinaus, als dass Atôm sich, als der er ist, zu erkennen giebt und sich auf seine göttlichen Eigenschaften und Rechte beruft, die ihm eben den Anspruch auf das Hindurchgehn zur Tageswelt gewähren. So gelten auch die Gebräuche und Formeln, mit deren Hülfe der Verstorbene wiederbelebt werden soll, zum wesentlichsten Teile ursprünglich lediglich für genau diejenigen Sprüche und Handlungen, die eine Leben erhaltende und Leben erneuernde Kraft an dem toten Osiris ausgeübt haben; ganz selbstverständlich daher, dass sie ihrer Bedeutung nach sich so ausschliesslich auf Osiris beziehen, dass sehr bald sich die Gewohnheit eingebürgert hat, diesen für das Fortleben nach dem Tode wichtigsten Gebräuchen und Formeln entsprechend, dem Verstorbenen überhaupt, ja selbst dem Verstorbenen weiblichen Geschlechts ein für allemal den Namen Osiris auch beizulegen. An eine Verwandelung in Osiris oder auch nur Wesensgemeinschaft mit ihm — abgesehn von den Übereinstimmungen hinsichtlich des Verstorbenseins — ist dabei von Hause aus noch gar nicht gedacht worden, so wenig wie man im Ernst angenommen haben kann, der Verstorbene verwandele sich in den Tanzzwerg Denga[1]. Will aber der Verstorbene zu jenem mitten im Schosse des Himmelsozeans gelegenen Eiland übergesetzt werden, von welchem in dem Denga-Texte die Rede ist, so geht das nur, wenn er dem Fährmann in der vorgeschriebenen Weise zuruft, der Denga sei da. Das ist das Stichwort, auf das der Fährmann so reagiert, wie der „Buchwart Dhoute's" auf die Ankündigung der Palette und des Wassergefässes.

Der Zweck dieser Ankündigung ist eben lediglich der, zu Dhoute zugelassen zu werden, und zwar soll das erwirkt werden, nach dem

[1] Dass es auch Formeln giebt, die dazu da sind, dem Verstorbenen erforderlichen Falls zu helfen, eine oder die andere bestimmt vorgesehene oder beliebige Gestalt anzunehmen, ist eine Thatsache, die hier aber nicht in Betracht kommt.

Sinne, den die Formel ursprünglich allein gehabt haben kann, nicht etwa zugunsten des Redenden, sondern zugunsten eines dritten, eines Verstorbenen, der hier, wie der Text weiter besagt, von einem Schriftkundigen als Leichnam des Osiris bezeichnet wird. Zugleich wird auf Inschriften hingewiesen, die von dem Schriftkundigen herrühren, und, wie behauptet wird, anerkanntermassen nach göttlichem Willen die Kraft besitzen, sich jederzeit und unbedingt zu bethätigen und als wahr zu erweisen. Dies führt wohl, wenn man die Entstehung des Textes zu begreifen sucht, auf eine Situation, welche auch für die Entstehung des Wortlauts so vieler Wiederbelebungsformeln mit Notwendigkeit vorausgesetzt werden muss. Es ist die Situation der Bestattung, bei der eben die eingesargte Leiche sichtbar als Leichnam des Osiris vorgeführt und auf die vorschriftsmässigen Aufschriften hingewiesen werden konnte.

Unmöglich würde es nicht sein, dass zuerst auch beim Hersagen der Formel wirklich die symbolische Handlung des Vorzeigens von Schreibgeräten vorgenommen wurde. Was konnte dann als Protokoll der Verhandlung auf die Palette für ein anderes Urteil kommen als das freisprechende, auf welches Osiris als der Schuldlose κατ' ἐξοχήν Anspruch hatte? „Ich bringe die Leiche des Osiris" ist dann hier noch nicht ganz die flunkerhafte Redensart als die wir es in einer bedrohenden griechisch abgefassten Beschwörung in einem der bilinguen Papyrus von Leiden wiederfinden[1]. Aber ein magisches Mittel freies Geleit zu erwirken, soll auch hier in unserm Totenbuchtexte die Nennung des Osiris sein. Und diese Vergünstigung des freien Geleits sollte nach dem Wortlaut eigentlich ohne Zweifel der Leiche des Verstorbenen zugewendet werden, mag auch der Text nicht wirklich einem ehemaligen Bestattungsrituale entnommen, sondern nur nach dem Muster anderer aus solchen Ritualen stammenden Formeln geformt sein.

Die Meinung, dass dem geschriebenen Worte kaum weniger magische Kraft innewohne als dem gesprochenen ist offenbar in Ägypten uralt. Ihr Vorhandensein bekundet sich unzweideutig beispielsweise bereits in der Aufzeichnung der Pyramidentexte, und das Totenbuch ist ja auch nur aus Aufzeichnungen entstanden, die in diesem Sinne dem Verstorbenen mitgegeben wurden. Nicht immer war aus dem

[1] Vgl. C. J. C. Reuvens, Lettres à M. Letronne sur les papyrus bilingues et grecs du musée d'antiquités de l'université de Leide S. 38; K. Wessely in den Mitteilungen aus der Sammlung der Papyrus Erzherzog Rainer Bd. 5, S. 14.

Inhalte ersichtlich, dass als der Sprechende der Verstorbene zu denken war, es ist deshalb üblich geworden, auch um die Wirksamkeit der Formel dadurch wirklich eintreten zu lassen, den einzelnen Formeln des Totenbuchs jedesmal die Angabe voranzusetzen, dass der Osiris So und So Folgendes hersage, und das ist damit auch bei Formeln geschehen, in denen zuerst ein ganz Anderer als der Redende gedacht war und in denen von dem Verstorbenen als dritter Person gesprochen wird. Zu diesen Formeln gehört auch Kap. 94.

Nunmehr ist es in Kap. 94, also der Verstorbene selber, dem die Behauptung in den Mund gelegt wird, er sei der Überbringer jener Schreibutensilien und der Leiche des Osiris, das heisst bei der wörtlichen Auslegung, zu der die Ägypter sich schon sehr früh gewöhnt haben, nichts anderes als — seiner eigenen Leiche. Dies hat dann, wie es scheint, zu der Annahme geführt, dass der Verstorbene, indem er seinen Leichnam überbringt, diesen in mystischem Sinne als Dhoute's Schreibpalette bezeichnete. Das tertium comparationis mag man vermutlich in den Aufschriften erblickt haben, an denen es auf Schreibpaletten ebensowenig zu fehlen pflegte, wie auf Mumienumhüllungen und Mumienkästen. Jedenfalls findet man eine Anspielung, welcher jene Annahme zu Grunde liegt, in einem andern Totenbuchtexte[1], der lautet: „ich bin deine Schreibpalette, Dhoute, und bringe dir deinen Wassernapf“.

Allerdings ist nicht ausgeschlossen, dass diese Umdeutung etwas sehr Altes ist, ja dass schon lange bevor diese Formel entstand, die schreibbeflissenen Jünger Dhoute's eine ähnliche vermeintlich zwischen Palette und Leichnam bestehende Beziehung ausgeklügelt hatten. Auf etwas Derartiges können nämlich möglicherweise einige Anspielungen sich beziehen, welche in den Pyramidentexten vorkommen. Es heisst da nämlich (P 345/346 = M 646/647) von dem verstorbenen König, er sei „der Gott-Schreiber, der sagt was ist, und entstehen lässt, was nicht ist[2]“ und sei „das Band der aus der *'Aḥt-wrt* hervorgegangenen  (Variante )“. Auch „aus dem Feuchten(?) hervorgegangene“  werden in dem-

[1] Totenb. 175 L b Nav.; Papyrus Ani Taf. 29; Budge, Papyr. Ani S. 185; S. 342. Vgl. auch noch den Text in der Anm. 1 zu S. 82.

[2] Gemeint ist Dhoute. Vgl. den Hymnus im Papyrus Anast. 5, 9, 2 und folg., und dazu Maspero, Hymne au Nil S. 8 und Du Genre épistolaire S. 26, auch den Text des Seite 82, Anm. 1 erwähnten Hymnus Ramses IV.

selben Sinne in den Pyramidentexten erwähnt[1]. In diesen *tmssw·t* hat man jedenfalls dasselbe Wort vor sich, das Brugsch (nach Lepsius, Auswahl, Taf. 17 B 3) aus einer aus der Ptolemäerzeit herrührenden Inschrift von einem der Obelisken der Insel Philae in seinem Wörterbuche unter *temes* anführt und mit „Schreibtafel“ übersetzt. In der Inschrift ist vom „Siegeln der Schrift und Schliessen (*dôb*)“ der  die Rede. Ganz ähnlich spricht eine Inschrift aus ptolemäischer Zeit am Tempel der Maut zu Karnak[2] vom „Schliessen (*dôb*) der  zur Beurkundung (*s̱ẖr*)“. Es muss sich also wohl um „Rollen“ handeln, wie ja auch *tmsswt* und die verwandten Worte auf eine Wurzel zurückgehen, deren Grundbedeutung[3] auf den Begriff des „Umrollens“, „Umschliessens“, „Umkreisens“ hinauszulaufen scheint.

Als das Merkwürdigste jedoch von dem Merkwürdigen, was mit Totenbuch Kap. 94 in Zusammenhang zu stehen scheint, ist wohl zu betrachten, dass auch ein Dokument vorliegt, welches den Beweis dafür liefert, dass in der Glaubenslehre der Ägypter die Palette gelegentlich an die Stelle des Osiris tritt. Zwar hat es nichts Besonderes zu bedeuten, wenn auf verschiedenen Darstellungen Palette und Wassergefäss dem Dhoute als „ihrem Herrn[4]“, von dem Könige dargebracht werden, schenkt doch der Pharao auch sterblichen Schreibern Paletten zur Auszeichnung, aber auf einer Darstellung im Tempel zu Dakke[5] — allerdings aus römischer Zeit — nimmt dies Geschenk eine besondere Gestalt an, denn was der König hier darreicht, ist nicht allein die Palette, sondern von rechts und von links her wird diese emporgehalten von den beiden schützenden Schwestergottheiten Isis und Nephthys; hier ist sie mithin gleichwertig mit Osiris.

Auch das häufige Vorkommen der Paletten in den Gräbern mag, wenn auch nur zum Teil, mit unter dem Einflusse des Textes vom

---

[1] P 660/661 = M 770; analog ergänzt von Maspero P 774.

[2] Veröffentlicht im Recueil de travaux Bd. 13, S. 165 von U. Bouriant.

[3] Vergleiche auch die Form T 336 = M 254 *tmstj* „gekrönt“. Die Gleichung 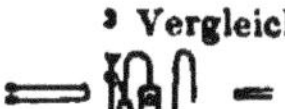 = 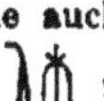 fand schon Le Page Renouf 1867 (Zeitschrift S. 42); die alte Schreibung gilt aber auch schon in den Pyramidentexten für an sich verschiedene Wortstämme; vgl. z. B. P 172 P II 939.

[4] Vergleiche z. B. Brugsch, Wörterbuch Bd. 6, S. 483, Text aus Edfu. Auch in dem Seite 82, Anm. 1 angeführten Texte ist es der König, der redet.

[5] Champollion, Notices Bd. 1, S. 115.

Überbringen dieses Schreibgeräts stehn; es handelt sich in diesem Falle also vielleicht noch um etwas mehr als blos um ein Standes- und Berufsabzeichen oder Lieblingsgerät. In einer Menge von Fällen sind es ja allerdings die thatsächlich ehedem gebrauchten Paletten, die dem Verstorbenen mitgegeben worden sind. Aber nicht gering ist auch die Zahl von Exemplaren, welche lediglich nach Art von Attrapen und noch dazu in einem gänzlich andern Material z. B. in Alabaster ausgearbeitet sind. Derartige Nachbildungen giebt es in den Gräbern freilich auch von andern Dingen.

Eine arabisch-koptische Kirchenbann-Urkunde.

Von

Dr. K. Reinhardt.

بسم الله الرؤف (العليم) ليعلم كل
واقفا عليها وسامعا لما يتلا فيها
ⲡⲓⲉⲗⲁⲭ ⲁⲃⲣⲁⲁⲙ
ثم ساير الشعب المسيحي بناحية
ابويط الاخوة القديسين
المعلمين والشمامسة الطايعين
(المزارعين) والفلاحين
والعلمانين وساير الشعب
اجمعين بارك الله عليهم وعلى
بيوتهم وساير تصرفاتهم بكل البركات
السمائية بطلبات ذوى الاعمال
المرضية كى يعلموا ان اتصل

Im Namen Gottes, des Gnädigen des (Allwissenden)

Es möge wissen Jeder der sich damit beschäftigt und das was hierin zu lesen ist, hört [(es geht aus von dem niedrigsten) Abraham][1]

Ferner [soll es wissen] die übrige christliche in der Gegend von Buêt[2] befindliche Bevölkerung, ferner die heiligen Brüder, die Gelehrten, sowie die Diakonen, die gehorsamen, [die der Saat sich widmenden Leute] sowie die Bauern, ferner die Nicht-Geistlichkeit und alle sonstigen Völkerschaften insgesamt, möge Gott sie und ihre Häuser und übrigen Verrichtungen segnen, mit all den Segnungen, durch die Fürbitten derjenigen, welche die zufrieden (glücklich) machenden Werke

---

[1] Die beiden koptischen, anscheinend zuletzt von anderer Hand eingesetzten Worte bilden die zweite Zeile; zwischen denselben wäre noch Platz für einige andere Worte (man denkt unwillkürlich an Episcopos oder dergl.) gewesen.

[2] so heisst heute der in der Nähe von Asiût befindliche Ort.

بالقلاية . . . ابونا ابراهيم سلمون
بارك الله عليه من شوش عليه
بأمر السحر فى بيته الذى تزوج بها
فيعلم الذى استجرا وفعل به يكون
تحت المنوع والحرم ويكون حضه
ونصيبه مع يهود المفروز من عدة
الحوارين وتحت الغضب الذي
حل على اهل سدوم وغامورا
وسلام الرب يحل على جميعهم
والنعمة تشملهم والمجد لله
. . . . .

ausüben[1] — sie sollen wissen, dass eingetroffen ist in der Kalâje[2] [die Nachricht] dass unser „Vater"[3] Abraham Salomon, den Gott segnen möge, durch einen Akt der Zauberei in seinem Hause, in dem er verheiratet ist, krank gemacht worden ist.

Wisse denn, wer es gewagt und gethan, dass er „im Bann"[4] ist und dass sein Schicksal und sein Loos mit demjenigen des von der Gemeinschaft mit den Aposteln getrennten Judas (zusammenfällt). Er wird unter den Zorn (Gottes) fallen, der die Leute von Sodom und Gomorrah traf —

Gottes Segen sei bei allen und seine Gnade umschliesse sie.

Das Lob sei Gott[5] . . . . .

Diese mir gehörige in vieler Hinsicht interessante Urkunde soll zu Eschmunên gefunden sein. Sie ist auf Papier geschrieben, 16 zeilig, 22 cm hoch, 10 cm breit. Ihrem Material, Duktus etc. nach zu urteilen (vgl. Mitth. Erzherzog Rainer II. 88 ff.) dürfte sie nicht vor das 10. Jahrh. u. Z. zu setzen sein. Die diakritischen Punkte fehlen häufig. Im Ganzen ist diese Urkunde ziemlich intakt. Die in Klammern gesetzten Worte sind sichere Ergänzungen. Merkwürdig sind die zahlreichen Fehler, deren sich der koptische Schreiber schuldig gemacht hat.

Ähnlich wie die von Steindorff (Ä. Z. 30 S. 37) veröffentlichte „Koptische Bannbulle" handelt es sich hier um ein von dem Kirchenhaupt, hier Abraham in ابويط, an die Öffentlichkeit gerichtetes Schreiben. Der Priester Abraham Salomon hat durch Zauberei seine Gesundheit verloren; فى بيته الذى بروح بها lässt wohl kaum eine

[1] d. h. der koptische Klerus.

[2] = محل العابد (?) hier wohl den Sitz des Kirchenhauptes bezeichnend.

[3] Titel eines koptischen Priesters.

[4] heutzutage sagt man: يكون ممنوع.

[5] Das dahinter stehende Wort ist mir unverständlich.

andere als die gegebene Bedeutung zu, obwohl mir die Übersetzung von „Kaläje" und die Ergänzung des dahinter fehlenden Wortes schwierig erscheinen. Oder sollte شوش nach heutigem Sprachgebrauch u. A. durch „in Betrübniss versetzen" wiedérzugeben sein, in dem Sinne, dass ein Zauberer Unfrieden oder dergl. zwischen dem Priester und seiner Gattin angestiftet hatte: فى بيته etc. wäre dann eher verständlich.

Noch einmal die Inschrift von Neapel.

Von

Heinrich Schäfer.

Als vor 30 Jahren Georg Ebers in seiner „ägyptischen Königstochter“ uns die Zeit der Eroberung Ägyptens durch die Perser, die Zeit des Kambyses, vor Augen führte, musste er sich so gut wie ganz auf griechische Berichte stützen. Denn ausser den Inschriften auf der Statue des Vaticans waren ägyptische fast gar nicht vorhanden. Diese Lage hat sich auch bis jetzt noch nicht geändert. Es wäre daher ausserordentlich erwünscht, wenn neue Denkmäler aus dieser Zeit nachgewiesen würden.

So hat nun Erman in der ÄZ. 31, S. 91 ff. zu zeigen gesucht, dass die Inschrift von Neapel[1] die Eroberung Ägyptens durch Kambyses erwähne. Diese Inschrift hat schon verschiedene Deutungen über sich ergehen lassen müssen. Nach Brugschs Vorgang[2] wurde sie früher allgemein in die Zeit der Einnahme Ägyptens durch Alexander verlegt. Dann glaubte Krall[3], beweisen zu können, dass sie den Aufstand des Inaros erzähle. Wiedemann[4] wieder wollte „nicht so bestimmt wie Krall es thut, abweisen, dass auch der Aufstand des Chabbasch in Betracht kommen könne.“ Erman endlich will sie nun der Zeit zwischen 486—83 zuweisen, so dass der darin erwähnte „Beherrscher von Asien“ Kambyses wäre.

Aber ich bin überzeugt, dass man ganz ohne Not von der Datierung abgewichen ist, die Brugsch gegeben hat. Er hat gleich zu Anfang richtig gesehen, dass die Inschrift nur in der Ptolemäer-

[1] Brugsch, thes. IV, S. 632. Geogr. Inschr. I, Taf. 58. Reinisch, Chrest. I, 17.

[2] Äg. Gesch. 703.

[3] ÄZ 1878, S. 6.

[4] Gesch. Äg. von Psamm. I., S. 256.

zeit verfasst sein kann. Bei seiner Datierung hätte man sich also beruhigen sollen. Leider hat er aber seine Ansetzung nicht weiter begründet, denn sonst wäre ihr wohl kaum widersprochen worden.

Über der Inschrift befindet sich eine Darstellung, die **Brugsch** im Thesaurus giebt, und die, wie mir bisher übersehen scheint, die spielende Auflösung einer hieroglyphischen Inschrift enthält. Aber die Hoffnung, darin etwa einen Königsnamen zu finden ist eitel, denn es steckt nichts weiter darin als ungefähr: „Geehrt von Harsaphes, dem Könige der beiden Länder, dem Beherrscher der Fremdländer, dem Herrn von Ehnas.“

Die Inschrift selbst lautet[1]:

„Der *rpˁtï-ḥꜣtï*, der, der einzige Freund, der Prophet des Horus, des Herrn von *Ḥbnw*, der Prophet der Götter des 16. oberägyptischen Gaues, der Prophet des Gottes Somtus von *ˁꜣ-ḥḥw*, der, der Vorsteher der Sechmetpriester im ganzen Lande, Somtu-tefnachte[2] der Sohn --- (), des Propheten des Rē von *Pr-šꜣt*, Dsche-Somtu-efonch, geboren von der Hausherrin *ˁnḫt*, er spricht:

„O Herr der Götter, Harsaphes, König der beiden Länder, Herrscher über die Fremdländer, Licht, das die Erde erleuchtet, dessen rechtes Auge die Sonne, dessen linkes Auge der Mond, dessen Seele das Licht(?) ist, aus dessen Nase der Wind (also eigentlich dreimaliges für ṯꜣw, nach Sethe) kommt (), um alles zu beleben, ich bin dein ergebener Knecht, ich habe mein Herz mit dir () erfüllt und habe nichts gethan, was deiner Stadt --- ([3]), ich habe nicht versäumt ihre --- () in jedem Hause, Tag und Nacht ().

[1] Ich ergänze im Wesentlichen nur **Ermans** Übersetzung mit wenigen Änderungen.

[2] Der Name ist nicht etwa ein Doppelname, sondern bedeutet „Somtus ist seine Stärke“. Der Name Tefnachte, den z. B. der Gegner des Pianchi führt, ist nichts als eine Abkürzung, bei der der Göttername weggelassen ist, in der Art wie Eponychos für .... . Der entsprechende weibliche Name hiesse: „Somtu-tesnachte“.

[3] Im Original zwischen den Hörnern eine Feder.

Was du an mir gethan hast, ist unendlich viel ( ) besser als das[1]. Du hast mein Gehen zum Königshause weit gemacht (man denke an , *wsḫ* hat wie ⲟⲩⲱϣⲥ auch kausative Bedeutung). Das Herz des guten Gottes war zufrieden über das, was ich sagte ( ). Du hast mich vor Unzähligen erhoben ( ), als du Ägypten ( ) den Rücken wandtest. Du hast Liebe zu mir in das Herz des Beherrschers von Asien ( ) gesetzt, die „Freunde (des Königs)“ erwiesen mir Ehrfurcht ( ). Er verlieh mir die Würde eines Oberpriesters der Sechmet an Stelle des Bruders meiner Mutter, des Vorstehers der Sechmetpriester in beiden Ländern *Hj-ḥnb* (wohl nicht *nḫt-ḥnb*). Du hast mich im Griechenkampfe beschützt ( ) als du Asien zurückschlugst ( ). Sie töteten Unzählige an meiner Seite ( ), doch Niemand erhob seinen Arm gegen mich. Danach habe ich dich im Traume gesehen ( ), indem deine Majestät zu mir sagte ( ): „Eile nach Eḥnas, ich bin mit ( ) dir.“ Ich durchzog die Fremdländer ganz allein (*wˁ-kwj*). Ich fuhr übers Meer ohne Furcht, indem ich an dich dachte (*sḫꜣ* „gedenken“, Brugsch[2]; Infinitiv mit ausgelassenem *ḥr*) und deine Gebote nicht übertrat. Ich bin nach Eḥnas gekommen, ohne dass ein Haar von meinem Haupte genommen wurde. So war der Anfang durch dich(?) gut, du hast das Ende vortrefflich gemacht. Du giebst (oder „gieb“) mir ein langes Leben voller Freude.“

„O alle Priester, die ihr diesem ehrwürdigen Gotte, dem Harsaphes, dem Könige der beiden Länder u. s. w. dient, (es wird eine Reihe von Priestertiteln aufgezählt), wenn euer Name auf Erden bleiben soll durch die Gunst des Harsaphes, des Königs beider Länder, so sprecht: „Mögen dir die Götter und Göttinnen(?) die in Eḥnas sind, günstig sein, du von seinem Gott begünstigter und von seinem Gau geehrter

---

[1] Nämlich: eben aufgezählte, was ich dir gethan habe.

[2] Im Original deutlich das Blatt des Zeichens *ḥꜣ*.

Somtu-tef-nachte." So wird es euch selbst nützen und ein andrer wird euren Namen nach Jahren nennen."

Dass der „Beherrscher (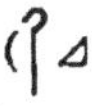, bekanntlich ein zur Bezeichnung der Asiatenfürsten beliebtes Wort) von Asien" hier nur der Perserkönig sein kann, steht vollkommen fest. Die Inschrift ist aber nicht unter der persischen Herrschaft gesetzt. Wenn Krall sagt: „unter einer anderen den Persern feindlichen Regierung würde Somtu-tefnachte sich der Gunst des Perserkönigs nicht gerühmt haben," so ist das durch Ermans feine Bemerkung hinfällig: „Als Somtu-tefnachte sein Denkmal für die glückliche Errettung errichtete, kann Ägypten nicht unter persischer Herrschaft gestanden haben; er würde sonst den Grosskönig mit der ihm gebührenden ägyptischen Titulatur nennen und würde die Niederlage der Perser nicht in dieser Weise erwähnen. Die Art, wie er von dem ihm so gnädigen Perserherrscher und von seinem eigenen Aufenthalte in Persien spricht und nicht spricht, zeigt meines Erachtens, dass die persische Herrschaft damals in Ägypten ein Ende hatte."

Am meisten Gewicht legt aber Krall darauf, dass, wie er meint, die Feinde der Perser Jonier waren. Aber auch diese Schwierigkeit ist durch Erman schon aus dem Wege geräumt; denn er übersetzt richtig das  mit „Griechen[1]." Wenn Krall ferner aus der Inschrift herausliest, dass es nach ihr „bei der Besetzung Ägyptens zu blutigen Kämpfen gekommen sei," so steht davon in der Inschrift grade das Gegenteil, nämlich, dass die Kämpfe von denen die Rede ist, nicht in Ägypten, sondern jenseits des Meeres stattgefunden haben. Alle von Krall angeführten Gründe gegen Brugschs Datierung sind also nicht stichhaltig und schon von Erman zurückgewiesen. Wiedemanns Annahme fällt mit der von Krall.

Erman selbst führt für seine Abweichung von Brugsch keine Gründe an als die auf den ersten Anschein auch wirklich überzeugende Übereinstimmung seiner neuen Datierung mit den Thatsachen, die die Inschrift ergiebt. Diese sind (mit Ermans eigenen Worten):

---

[1] Das Wort bezeichnet wohl allgemein „die im äussersten Norden wohnenden Völker", also hauptsächlich die Griechen. Aber selbst wenn der Name etwas mit Ἴωνες zu thun haben sollte, bewiese das nur, dass die Ägypter zuerst von den Griechen die Ionier kennen gelernt haben. Haben die Franzosen immer mit Alemannen zu thun, wenn sie von Allemands reden?

1. Somtu-tefnachte stand zuerst bei einem einheimischen Könige in Gunst.

2. Danach zürnte der Gott und der Asiatenkönig wurde Herr Ägyptens.

3. Auch bei diesem und bei seinen Grossen[1] stand Somtu-tefnachte in besonderer Gunst.

4. Er machte „den Krieg der Griechen," in dem der Gott die Asiaten „zurückschlug", auf der Seite der Asiaten mit, entkam aber glücklich dem Gemetzel.

5. Im Traum erschien ihm Gott Harsaphes von Eḥnas und befahl ihm nach Eḥnas zu gehen.

6. Diese Reise, bei der er allein durch fremde Länder und über das Meer zog, war etwas sehr gefährliches, gelang ihm aber doch, dank dem Schutze seines Gottes.

(7. Das Aufhören der Perserherrschaft in Ägypten).

Ordnen wir die geschichtlichen Ereignisse, die nach Ermans Annahme zu Grunde liegen, nach demselben Schema, so entspricht:

1. Das Ende der 26. Dynastie.

2. Die Eroberung Ägyptens durch Kambyses.

3. Die Regierung des Kambyses und des Darius.

4. Niederlage der Perser gegen die Griechen (Marathon).

6. Somtu-tefnachtes Reise von Griechenland über das Mittelmeer.

(7. Die kurze Zeit der Unabhängigkeit Ägyptens, 486—483 v. Chr.)

Man muss zugeben, dass die geschichtlichen Ereignisse sich allerdings ohne Zwang mit den Angaben der Inschrift vereinigen lassen. Aber ist denn das bei Brugschs Datierung nicht ebensogut der Fall? Stellen wir die Ereignisse, die nach Brugsch der Inschrift zu Grunde liegen, ebenso nach jenem Schema zusammen, so entspricht:

1. Die Zeit der Unabhängigkeit Ägyptens von 415—350 unter der 28. bis 30. Dynastie.

2. Die Wiedereroberung Ägyptens durch Ochus, um 350.

3. Die Regierung des Ochus, Arses und Darius III. 350—333.

4. Die Vernichtung des Perserreiches durch Alexander 333.

6. Die Rückkehr Somtu-tefnachte's aus Vorderasien.

(7. Die Ptolemäerherrschaft.)

So weit hätten wir also zwischen zwei gleichberechtigten Datierungen zu wählen. Doch sind die beiden nur scheinbar gleichberechtigt. — Denn für Ermans Datierung lässt sich ausser der passenden Folge der

[1] Nach der Inschrift stand S. sogar über diesen.

Ereignisse nichts anführen. Sie ist wohl auch nur unangefochten geblieben, weil den Lesern des Aufsatzes der Text der Inschrift nicht vor Augen stand. Für Brugsch spricht entscheidend die Orthographie der Inschrift.

Uns ist die Orthographie, die in guten Texten aus der Zeit des Kambyses und des Darius gebräuchlich war, sehr gut aus den Inschriften der Statue im Vatican bekannt. Der Stil der Buchstaben und die Orthographie entsprechen dort genau dem Typus der guten Inschriften der 26. Dynastie. Dieselben feingeschnittenen Hieroglyphen und dieselbe altertümliche Orthographie, die noch vollkommen rein ist von all den Schriftspielereien, die später in den ägyptischen Texten so sehr überhand nehmen. Selbst ein Text wie Berlin 7283, den Erman wohl mit Recht der Perserzeit zugewiesen hat[1], mit seiner wüsten Schrift, enthält zwar halbe oder falsche Umschreibungen von hieratischen Zeichen, aber keine jener Schriftspielereien. Und nun sehe man unsere Inschrift an: Da finden wir  für *im* (Präp. *m* mit suff.), 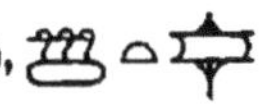 für ⲧⲏⲩ „Wind,"  für *prt* „herauskommen,"  für *k* (das Suff *k*),  für „Tag und Nacht,"  für ϫⲱ  „sagen,"  für ⲕⲏⲙⲉ „Ägypten,"  für *ḥnc* „mit," sogar  für 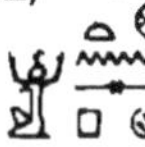 ϩⲁϩ ⲛⲥⲟⲡ (also *s3b* statt *sp!*) vielleicht auch  für  „gedenken". Das sind alles Schriftspielereien, von denen schon ein paar sonst genügen würden, um eine Inschrift, in der sie vorkommen, der Ptolemäerzeit zuzuweisen, und die mir auch hier jeden Zweifel daran auszuschliessen scheinen, dass mit dem „Zurückschlagen des Asiatenherrschers" die Siege Alexanders gemeint sind.

Somtu-tefnachte ist in der Zeit zwischen 415 und 350 v. Chr. geboren und hat schon in dieser letzten Zeit der Unabhängigkeit Ägyptens bei den einheimischen Herrschern in Ansehen gestanden. Auch als um 350 v. Chr. Ägypten nach beinahe 70 jähriger Selbständigkeit wieder an Persien fiel, wusste er sich bei den Perserkönigen in Gunst zu setzen und darin zu erhalten. Auf persischer Seite hat er denn auch an den grossen Entscheidungsschlachten (333 v. Chr. Issos) in Vorderasien, in denen das Perserreich in Stücke ging, teilgenommen. Bei Issos z. B. sind ja ägyptische Truppen zum Kampf gekommen. Als dort alles verloren war, hat er sich noch rechtzeitig

[1] ÄZ 31, S. 94.

genug aus dem Staube gemacht und ist durch Länder und Meere nach Ägypten gezogen, um sein Fürstentum für sich zu retten. Das ist ihm gelungen. Denn als 332 Alexander in Ägypten erschien, hat er ihn in seiner Stellung belassen. Unter einem von Alexanders Nachfolgern, einem der ersten Ptolemäer, hat Somtu-tefnachte seine merkwürdigen Erlebnisse im Tempel des Harsaphes auf dem erhaltenen Denkstein aufzeichnen lassen.

Es ist also erwiesen, dass die durch Brugsch gegebene Datierung die einzig richtige ist, dass demnach der Versuch, den Somtu-tefnachte zu einem Zeitgenossen des Kambyses zu machen, ebenso wie Kralls Datierung misslungen ist.

Eine griechische Grabinschrift aus Antinoë.

Von

Carl Schmidt.

Als ich im Oktober 1895 von Alexandrien nach Cairo zurückkehrte, erregte unter den neu gefundenen und im Museum von Gizeh ausgestellten Gegenständen ein altchristlicher Elfenbeinkamm, der in Schêch Abâde, dem alten Antinoë, gefunden sein sollte, meine besondere Aufmerksamkeit. Auf meine Bitte erteilte mir Herr de Morgan, dessen liebenswürdige Unterstützung meiner Aufgaben ich auch an dieser Stelle dankend gedenken muss, die Erlaubnis, an jenem Orte für meine speciellen Forschungen auf dem Gebiete des christlichen Begräbniswesens kurze Zeit Ausgrabungen anzustellen. Am 2. Februar 1896 konnte ich meine Arbeiten auf dem christlichen Friedhofe hart am Rande des Gebirges beginnen, aber wie gross war meine Überraschung, als ich, der ich nur an christliche Altertümer dachte, gleich am ersten Tage jene griechische Grabinschrift fand, welche ich heute zum Gegenstand meiner Abhandlung zu machen gedenke.

Die Inschrift lautet:

ΠΑΛΛΑΝΤΟϹΕΙΤΙΝΟΙϹΘΑϹΑΝΔΡΕΠΩΝΥΜΟΝ
ΔΕΙΚΑΔΑΡΧΟΝΕΡΓΩΝΑΝΤΙΝΟΟΙΟΠΡΟϹΤΑΤΗΝ
ΤΟΥΤΩΙΜΕΔΑΙΜΩΝΟΙΚΕΤΝΝ[1]ΚΑΤΗΓΑΓΕΝ
ΛΙΘΙΟΠΙΔΟϹΓΗϹΕΝΘΕΜΟΙΦΥΤΟϹΠΟΡΟΙ
ΧΡΟΙΗΝΜΕΝΕΝΖΩΟΙϹΙΝΗΝΜΕΛΑΝΤΕΡΟϹ
ΟΙΟΝΒΟΛΑΙΠΟΙΟΥϹΙΝΗΛΙΩΤΙΔΕϹ
ΨΥΧΗΔΕΛΕΥΚΟΙϹΑΝΘΕϹΙΝΒΡΥΟΥϹΑΕΙ

[1] l. ΟΙΚΕΤΗΝ.

ΕΥΝΟΙΑΝΕΙΛΚΕΔΕϹΠΟΤΟΥϹΑΟΦΡΟΝΟϹ
ΨΥΧΗϹΓΑΡΕϹΘΛΗϹΚΑΛΛΟϹΕϹΤΙΔΕΥΤΕΡΟΝ
ΜΟΡΦΗΝΤΟΜΟΙΜΕΛΑΙΝΑΝΕΥΚΑΤΕϹΤΕΦΕΝ
ΟΙΟϹΜΕΤΙΝΔΟΥϹΗΛΘΕΜΑΙΝΟΛΗϹΘΕΟϹ
ΒΩΜΟΙϹΑΝΗϹΩΝΑΙΝΑΦΥΛΑΒΑΡΒΑΡΩΝ
ΤΟΙΟΥΤΟϹΗΝΠΑΡΟΙΘΕΝΗΛΙΟΥΜΕΝΟϹ
ΝΥΝΑΥΤΕΤΥΜΒΩΙΠΑΝΤΑΠΟΚΡΥΨΑϹΕΧΩ
ΘΥΜΟΝΤΕΜΟΡΦΗΝΘΗΜΕΤΟΠΡΙΝΑΜΠΕΧΕΝ
ΛΟΙΠΟΝΔΕΠΑΝΤΩΝΟΥΝΟΜΕϹΤΙΜΟΙΜΟΝΟΝ
ΕΠΙΤΥΓΧΑΝΟΝΤΑΓΑΡΜΕΓΙΝΩϹΚΟΙΟΞΕΝΕ
ΠΑΝΤΩΝΤΥΧΟΝΤΑΤΩΝΒΡΟΤΟΙϹΙΝΗΔΕΩΝ
ΤΟΥΤΩΝΔΑΜΟΙΒΗΝΔΕϹΠΟΤΗΙΔΟΙΗΘΕΟϹ
ΒΙΟΥΤΕΜΑΚΡΕΙΝ[1]ΟΙΜΟΝΕΥΚΛΕΙΑΝΘΟΜΟΥ[2]

d. i.:

Πάλλαντος εἴ τιν' οἶσθας ἄνδρ' ἐπώνυμον
δεκάδαρχον ἔργων Ἀντινόοιο προστάτην,
τούτῳ με δαίμων οἰκέτην κατήγαγεν
Αἰθιοπίδος γῆς ἔνθ' ἐμοὶ φυτόσποροι.
Χροιὴν μὲν ἐν ζωοῖσιν ἦν μελάντερος,
οἷον βολαὶ ποιοῦσιν ἡλιωτίδες,
ψυχὴ δὲ λευκοῖς ἄνθεσιν βρύουσ' ἀεί
εὔνοιαν εἷλκε δεσπότου σαόφρονος,
ψυχῆς γὰρ ἐσθλῆς κάλλος ἐστὶ δεύτερον,
μορφὴν τό μοι μέλαιναν εὖ κατέστεφεν.
Οἷος μετ' Ἴνδους ἦλθε μαινόλης θεός
βωμοῖς ἀνήσων αἰνὰ φῦλα βαρβάρων,
τοιοῦτος ἦν πάροιθεν ἡλιούμενος·
Νῦν αὖτε τύμβῳ πάντ' ἀποκρύψας ἔχω,
θυμόν τε μορφήν θ' ἥ με τὸ πρὶν ἀμπέχεν,
λοιπὸν δὲ πάντων οὔνομ' ἐστί μοι μόνον,
Ἐπιτυγχάνοντα γάρ με γινώσκοιο ξένε,
πάντων τυχόντα τῶν βροτοῖσιν ἡδέων·
τούτων δ' ἀμοιβὴν δεσπότῃ δοίη θεός
βίου τε μακρὴν οἶμον εὔκλειάν θ' ὁμοῦ.

[1] steht für ΜΑΚΡΗΝ.

[2] Faksimile der Inschrift an anderer Stelle.

Der freundlichen Unterstützung des Herrn Dr. C. F. Lehmann verdanke ich die folgende metrische Übersetzung:

Kennst Du mit Namen Pallas einen Mann,
Vorstand der Minen von Antinoë
Und Dekadarch: dem gab als Diener mich
Des Schicksals Fügung. Meines Heimatlands,
Äthiopiens schwarze Färbung ward mein Teil,
Wie sie der Sonne Glutenstrahl erzeugt.
Die Seele aber weisser Blüten voll
Gewann die Gunst mir des verständ'gen Herrn;
Denn Schönheit steht dem Seelenadel nach,
Das hüllte meines Leibes Schwärze ein.
Wie zu den Indern kam verzückt der Gott,
Zum Altar rufend der Barbaren Reih'n,
So lebt auch ich dereinst im Sonnenland.
Nun aber nahm ins Grabesdunkel ich
Die Seele und den Körper, der sie einst umfing,
Und übrig blieb allein der Name mir.
Epitynchanon, den Treffer, hiess man mich,
Und was das Leben Gutes kennt, mich traf's.
Dafür verleihe meinem Herrn der Gott
Zu langem Leben guten Namens Klang.

Der Stein (36 cm h. und 44,5 cm l.), welcher jetzt unter No. 13471 im Museum von Berlin aufbewahrt wird, ist nummuliter Kalkstein, der in dem nahen Gebirge gebrochen und besonders für die öffentlichen Gebäude von Antinoë verwendet wurde. Er lag am Fussende des Grabes umgekehrt im Sande, so dass ich zuerst dem Arbeiter die Weisung gab, ihn zu entfernen, als er mit einem kräftigen Rucke den Stein umdrehte und die Inschrift zu meiner Überraschung freilegte. Sie zeigte noch die rote Färbung der Buchstaben. Sofort tauchte in mir die Frage auf, wie und wo die Grabsteine aufgestellt wurden. Im Verlaufe der Ausgrabungen konnte ich feststellen, dass sämtliche Grabsteine am Fussende des Grabes in einer gewissen Tiefe in der Erdaufschüttung verborgen waren, so dass ich zu dem Resultat gelangte, man hätte sofort oder wohl richtiger später den Stein ins Grab selbst gelegt, da an eine unabsichtliche Lage des Steines nicht gedacht werden kann. Mag man es hier vielleicht nur mit einer lokalen Gewohnheit zu thun haben, immerhin möchte ich an andere Gelehrte, die Gelegenheit hatten, in Achmim, Erment, Fajûm oder sonst Gräber der griechisch-römischen und christlichen Zeit aufzudecken, die Anfrage richten, ob sie ähnliche Beobachtungen gemacht haben.

Glaubte ich zunächst vor einer in griechischer Sprache abgefassten altchristlichen Grabschrift zu stehen, so lehrten mich bald Inhalt wie Form den heidnischen Charakter erkennen. Also mitten auf dem christlichen Friedhofe ein heidnisches Grab! Die Grabanlage [1] war dieselbe wie die christliche, aber nur eines unterschied sie von letzterer, dass sich bei dem Toten weder Beigaben noch Kleidungsstoffe fanden, so dass die Arbeiter, die nach der Inschrift auf besondere Ausbeute gehofft hatten, ganz enttäuscht waren und das Grab für ausgeraubt erklärten. Dasselbe wiederholte sich bei einer Reihe von Gräbern, und so wird meine Behauptung nicht für zu gewagt gelten dürfen, dass die Christen den alten Friedhof der Griechen annectiert, manche Gräber aber unberührt gelassen haben. Also nicht in der Weise der Ägypter, der sich die Griechen und Römer in den übrigen Gegenden angeschlossen, hatten die Bewohner von Antinoë ihre Toten begraben, sondern, dem Brauche der Heimat folgend, sie in die Erde[2] gebettet.

Die Inschrift umfasst 20 Zeilen in eleganten, streng gebauten jambischen Trimetern[3]. Sie bezieht sich auf einen Sklaven mit Namen Epitynchanôn, den das Geschick aus seinem Elternhause, aus seinem Heimatlande Äthiopien nach Ägypten verschlagen hatte, wo er in Antinoë[4] seinen Käufer fand. Sein neuer Herr, der den seltenen Namen Pallas trug, war daselbst Dekadarch und Vorsteher der Arbeiten[5] und legte dem schwarzen οἰκέτης den Namen Ἐπιτυγχάνων d. i. Glückspilz bei. Und in der That konnte sich dieser über sein Schicksal nicht beklagen. Er gewann das Zutrauen seines Herrn, der in der von

[1] Über diese gedenke ich in der Gesamtpublication der Funde zu handeln.

[2] Neben der Verbrennung trat bekanntlich in der Kaiserzeit die Sitte der Bestattung auf.

[3] Über das Metrum an anderer Stelle.

[4] Der Name der Stadt ist Ἀντινόου πόλις, doch steht fast immer Ἀντινόου, hier die ionische Form Ἀντινόοιο. Vgl. Antinooupolis bei Pauly-Wissowa und Berl. Äg. Urk. 21, II, 17 und 34, V, 4, 5.

[5] Inbetreff des Titels προστάτης ἔργων vergl. die Bemerkungen über ἀρχιτέκτων bei Mahaffy „the Flinders Petri Papyri“ II, 6. Bei ἔργα handelt es sich neben den allgemeinen Bauten hier wohl besonders um die Arbeiten in den Steinbrüchen, welche sich im nahen Gebirge von Antinoë in ungeheurer Ausdehnung erstrecken. Siehe Description de l'Égypte tom. IV, p. 269 f. Der Titel δεκάδαρχος kommt in Ägypten selten vor; ein Ἀννίκιος Πετρώνιος in einem Faj. Papyrus bei Grenfell: Greek Papyri XLII Z. 1 wird wegen Ländereienangelegenheiten angerufen, vergl. Brl. Äg. Urk. 23, 6. 8; 81, 2. Das Amt scheint erst in der späteren Kaiserzeit entstanden zu sein.

den Sonnenstrahlen Äthiopiens schwarz gebrannten Gestalt die treue Seele schätzen lernte, und diese Gunst begleitete ihn bis zum Tode. So tönt uns am Schluss nicht eine bittere Klage über das herbe Schicksal, sondern ein Dank für das ihm zuteil gewordene Gute und zugleich ein Segenswunsch für den Herrn selbst entgegen.

Ja, noch über den Tod hinaus hat letzterer seines treuen Dieners gedacht und ihm ein prächtiges Grabmal nebst einer Inschrift, die zugleich des Toten Tugenden der Nachwelt überliefern sollte, errichten lassen. Denn unzweifelhaft hat Pallas einem Stadtpoeten den Auftrag gegeben, eine Inschrift in Versen zu verfassen, und dieser hat für gutes Geld zugleich ein Loblied auf den Besteller gesungen. Man kann nicht leugnen, dass der unbekannte Dichter seine Aufgabe glänzend gelöst hat, denn Gedanke und Form sind gleich vollendet, so dass unsere Inschrift unbedingt zu den schönsten metrischen Grabinschriften gerechnet werden darf. So konnte nur ein Grieche dichten, der in Alexandrien oder richtiger im Heimatlande eine treffliche Bildung genossen hatte und vielleicht durch irgend ein Schicksal soweit verschlagen war. Griechen [1] waren es ja insbesondere gewesen, die dem Rufe Hadrian's gefolgt waren, als er hier seinem ertrunkenen Lieblinge Antinous zu Ehren im Jahre 132 n. Chr. eine neue Stadt anlegen liess, um zugleich mitten in Oberägypten eine Centrale der griechisch-römischen Kultur zu errichten. Noch Jomard war es am Ende des vorigen Jahrhunderts vergönnt, die Trümmer dieser Stadt zu schauen und uns ein lebendiges Bild von ihrer alten Herrlichkeit zu geben. Mit Stolz konnten die Bewohner auf ihre Stadt schauen, die sich schon durch ihre einzigartige Verfassung von den übrigen, ebenfalls von Griechen stark bevölkerten Städten Ägyptens auszeichnete, und in diesem ihrem Selbstbewusstsein nannten sie sich Ἀντινοεῖς νέοι Ἕλληνες [2]. Die grossen Spiele zu Ehren des Gottes Antinous führten manchen berühmten Wettkämpfer oder Rhetor in die Mauern der Stadt, so dass diese stolz darauf waren, von den Bewohnern öffentlich geehrt zu werden [3]. Auf diese Weise dürfen wir uns nicht wundern, daselbst einen so bedeutenden Stadtpoeten zu treffen.

---

[1] Vergl. Erman Mitth. des K. Arch. Inst. zu Rom, Band XI, p. 120. Die Namen Πάλλας und Ἐπιτυγχάνων sind rein griechisch und finden sich sonst nirgends in griechisch ägyptischen Urkunden.

[2] C. I. Gr. 4679 und 4705.

[3] Z. B. der Rhetor Publius Aelius Aristides (c. 145—147 n. Chr.) C. I. Gr. 4679. Nach C. I. Gr. 5909 hatte ein gewisser M. Aurel. Demostratos neben dem Bürgerrecht von Sardes, Alexandrien, Athen, Ephesus, Smyrna, Pergamon, Nicomedia, Milet und Lacedaemon auch das von Antinoë erlangt.

Wir kommen damit auf einen Punkt zu sprechen, der leider bis dahin noch nicht nach allen Seiten hin untersucht ist, ich meine die eminente Bedeutung, welche die Reise des „Kaisers“ für das ganze Land, insbesondere für das Hellenentum [1] gehabt hat. Nicht will ich erwähnen die Unterstützung des Handels [2] und andere Massnahmen zur Hebung des Wohlstandes, sondern vor allem das Augenmerk auf zwei Kunstgebiete richten, die in nachhadrianischer Zeit durch griechische Künstler im Nilthale zu hoher Blüte gelangt sind. Wer kennt nicht ihre herrlichen Mumienporträts auf Holz oder Leinwand, welche man im Fajûm gefunden hat? Man hat sie in das erste Jahrhundert oder sogar in die Ptolemäerzeit verlegen wollen, aber diese Kunst ist erst mit Hadrian aufgeblüht. Und wie die Malerei im Fajûm, so hat in Hermoupolis magna, das Antinoë gerade gegenüberlag und eine starke griechische Bevölkerung hatte, die Kunst der Gipsporträtierung ihre Ausbildung gefunden. Man hat bisher vergeblich nach der Herkunft dieser Gipsporträts geforscht; die einen geben als Fundort die Oase El-Charghe (Maspero, Bouriant), andere Balansurah (Graf), andere Kum-mer (Golenischeff, Erman), andere Tunah an, — ein sicherer Beweis dafür, wie geschickt die schlauen Araber den Fundort ihrer Schätze trotz Museum und Museumsbeamten zu verbergen gewusst haben. Aber alle Porträtköpfe sind ausschliesslich in Gebel Tunah gefunden; dies aber war der Begräbnisplatz von Hermoupolis magna, welches ja, da es mitten im Fruchtlande lag, weithin zum Gebirge seine Toten bringen musste. Ich selbst habe den Ort aufgesucht und konnte unter Führung der Araber feststellen, dass an zwei verschiedenen Stellen der Necropole — in einfachen areae — die Porträts gefunden waren. Jetzt konnten die Araber ungeschadet ihr Geheimnis preisgeben, nachdem sie selbst alle Gräber aufgedeckt. Auch hatte ich Gelegenheit, noch manche Raubstücke bei den Bewohnern des nahegelegenen Dorfes in Augenschein zu nehmen, und musste mit dem traurigen Bewusstsein heimkehren, dass ein überaus wichtiges Studienmaterial aus jenen glanzvollen Tagen hellenischen Kunstfleisses für immer uns entrissen war. — Jetzt erst findet eine Bemerkung von

[1] Die Alexandriner haben wohl aus diesem Grunde dem Kaiser zu Ehren ein Ἁδριανεῖον gegründet, vergl. eine griechische Inschrift in Alexandrien aus dem vierzehnten Jahre des Marc Aurel.

[2] Um Antinoë zu einem Handelsplatze für Indien zu machen liess er die καινὴ ὁδὸς Ἁδριανή von Berenike über Myos Hormos nach Ant. anlegen. (Rev. arch. n. s. 21. Jahrgang 1870 S. 314.)

Heydemann [1], der auch Wilken [2] beigetreten ist, ihre Bestätigung, dass nämlich die Mode des Barttragens erst mit Hadrian allgemein aufgekommen sei. Die Gleichzeitigkeit der Gipsköpfe mit den gemalten Mumienporträts wird heute wohl niemand bezweifeln. Somit hat die Reise des Kaisers nicht nur das Selbstbewusstsein der griechisch-römischen Bevölkerung in Ägypten bedeutend gestärkt, sondern ihr auch in der Folge den Mut gegeben, mit manchen altheiligen Bräuchen der Ägypter zu brechen und speziell im Begräbniswesen ihrem Kunstempfinden nachzugehen, d. h. an die Stelle der ganz schablonenhaften Mumienmasken wirkliche Porträts, sei es in Farbe oder in Gips, ins Grab zu legen, um noch späteren Geschlechtern Kunde von den lebensvollen Zügen des Verstorbenen zu geben. (Vergl. G. Ebers: Antike Mumienporträts.)

Aber zurück zu unserer Inschrift! In welche Zeit fällt ihre Abfassung? Man wäre versucht, sie ebenfalls in das zweite Jahrhundert zu verweisen, aber der Charakter der Buchstaben und noch deutlicher der Inhalt deuten auf das dritte Jahrhundert. Das Verhältnis von δεσπότης und οἰκέτης, welches hier uns in so einzigartiger Weise entgegentritt, — die Anschauung, welche in dem Sklaven nicht ein σῶμα, sondern den Menschen erkennt, — der Kosmopolitismus, der nicht mit Stolz auf den Barbaren, auf den schwarzen Äthiopier herabblickt, — der Gedanke, dass der Wert des Menschen nicht in seinem Äussern, sondern in seinem innern Seelenadel liege, und der Satz ψυχῆς γὰρ ἐσθλῆς κάλλος ἐστὶ δεύτερον — alle diese Merkmale legen ein deutliches Zeichen dafür ab, dass die Menschheit unter der segensreichen Regierung der Antonine und Severe einen gewaltigen Fortschritt gemacht hatte. Und wenn ich mich nicht täusche, so stehen wir im Zeitalter des edlen Alexander Severus, unter dem die glänzende Rechtschule des Papinian sich ein unsterbliches Denkmal in der Sklavereifrage gesetzt hatte. Dem Alexander Severus hatten die Antinoiten im Jahre 232 oder 233 zum Andenken an seinen Sieg über die Perser [3] eine Ehrensäule errichtet, und im Jahre 234 hatte der Kaiser selbst Ägypten bereist.

Der Geist der Inschrift ist noch heidnisch, aber von diesem reformirten Heidentum bis zum Christentum war nur ein kleiner

[1] Über die gemalten Bildnisse aus dem Fajûm Sitzungsber. der Kgl. Sächs. Ges. d. Wissensch. 1888 S. 308.

[2] Archäol Anz. 1889 S. 6.

[3] C. I. Gr. 4705.

Schritt. Würde uns nicht der μαινόλης θεός[1] stören, so könnte man unter θεός in Z. 19 vielleicht den Christengott vermuten, hat doch das Wort hier einen monotheistischen Anstrich. Die Zeit war nicht mehr ferne, wo das Christentum auch in Antinoë seinen siegreichen Einzug hielt und den neu geschaffenen Gott Antinous aus seinem Tempel vertrieb, denn der Boden war trefflich bereitet.

---

[1] Der Dichter spielt auf den Zug des Bacchus nach Indien an; den Anlass gab wohl die Handelsverbindung von Antinoë mit Indien s. o.

Amenhotep, der Sohn des Hapu.

Von

Kurt Sethe.

Nachdem Ulrich Wilcken durch die weiter unten mitgeteilte überraschende Entdeckung einer neuen Spur des weisen Amenhotep, des Sohnes des Hapu, aufs neue unser Interesse auf diese merkwürdige Erscheinung der ägyptischen Geschichte gelenkt hat, wird es nicht unangebracht sein, einige Irrtümer, die über die bereits früher bekannten Nachrichten über diesen Mann verbreitet sind, zu beseitigen.

Beginnen wir mit dem einzigen von ihm Kunde gebenden Denkmal, das sicher aus seiner Lebenszeit herrührt, der Inschrift auf seiner von Mariette im Tempel von Karnak gefundenen Statue, die jetzt im Museum von Gizeh ist (Mar. Karn. 36. 37. RIH 23ff.). Der Wert dieser Inschrift ist zuerst von Brugsch erkannt worden und er ist auch der einzige geblieben, der die wichtigeren Teile, die die Laufbahn unseres Amenhotep schildern, zu übersetzen versucht hat (ÄZ XIV, 96ff.). Nach den Angaben der Inschrift hatte Amenhotep unter König Amenophis III bis zu ihrer Abfassung nacheinander drei Stellungen bekleidet. Die erste, die eines  „königlichen Schreibers unterer Ordnung", thut er mit wenigen Worten ab, wohl weil sie im Vergleich mit den beiden andern zu unbedeutend war; er wurde mit dem „Gottesbuch" bekannt gemacht, „sah die Vortrefflichkeiten des Thoth", man fragte ihn um Rat. Weit wichtiger war in seinen Augen, so scheint es, die zweite Stellung, die eines 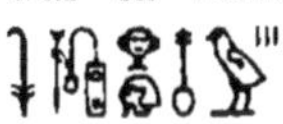 etwa „königlichen Schreibers oberer Ordnung der jungen Mannschaft". Er berichtet über sie am ausführlichsten und legt sich den Titel eines  „königlichen Schreibers und Schreibers der jungen Mannschaft" auch an anderen Stellen der Inschrift bei, obwohl er doch damals, als diese verfasst wurde, schon seine dritte höhere Stellung bekleidete. Auch in den Inschriften der Ptolemäerzeit erhält er gewöhnlich diesen freilich wohl nicht mehr verstandenen Titel  LD IV 32c,  DHI II 7c (s. auch u. S. 113). Leider ist das, was er uns von seiner Thätigkeit in dieser Stellung erzählt, grösstenteils unverständlich. Denn was Brugsch da herausgelesen hat von der Bevorzugung der Kriegerkaste, von der Bewachung der Nilmündungen u. a. darf doch nur als Vermutung genommen werden; sicher scheint nur das eine, dass von militärischen Massnahmen die Rede ist. Etwas besser steht es mit dem Abschnitt über seine dritte Stellung als  „Oberbaumeister", obwohl auch er im Einzelnen vielfach unverständlich bleibt. Bekanntlich hat Brugsch behauptet, dass Amenhotep darin nichts Geringeres als die Errichtung der berühmten Memnonskolosse erzähle und dass sein Anteil an diesem Wunderwerk menschlicher Kunst zum guten Teile dazu beigetragen habe, sein Andenken bei der Nachwelt lebendig zu halten. Diese Ansicht von Brugsch hat allgemeine Anerkennung gefunden und ist noch in den allerneusten Geschichtswerken wieder vorgetragen worden, obgleich Piehl schon 1881 (Petites études égyptolog. 36. 37) zutreffend dagegen eingewandt hatte, dass in der Inschrift garnicht von der Errichtung zweier Königsstatuen, sondern nur einer die Rede ist (*mdtj*, aufgenommen durch Pronomina 3 m. sg.). Immerhin gab Piehl dabei aber noch die Möglichkeit zu, dass wenigstens der eine der beiden Memnonskolosse gemeint sei. Dazu scheint zunächst ja auch zu stimmen, dass die von Amenhotep gefertigte Statue aus demselben Steine bestehen soll, aus dem die Memnonskolosse nach der Inschrift auf dem Rücken des einen (Burton Exc. hierogl. pl. 30, und Lepsius' Notizen) bestehen, dem *inr n bỉ3t*, einem roten Quarzkonglomerat (vgl. auch Rec. XII 4.); und auch das passt dazu, dass sie nach ihrem Bestimmungsorte Theben stromauf gebracht wurde (*sḫntj*), denn der Stein der Memnonskolosse stammt nach Fraas vom Gebel ahmar bei Kairo (Ebers, Cicerone, II, 121. 246), der sehr wohl „der ehrwürdige Berg des *bỉ3t*-Steines neben[1] Rē-Atum" (d. h. in der Nähe von Heliopolis)[2], wie unsere Inschrift den Steinbruch bezeichnet, sein

[1] *ḥr gswj* „auf beiden Seiten" ist ein Synonym von *ḥr gs* wie *r gswj* von *r gs*; so dürfte auch Punt, das „auf beiden Seiten" des Meeres gelegen haben soll, nur auf dem einen Ufer zu suchen sein.

[2] Vgl. die Ausdrücke „neben dem Sokar in *R3-st3w*" für „neben dem Tempel des Sokar von *R3-st3w*" und „in der Nähe der Herren von Babylon" für „in der Nähe von Babylon" LD III, 68, 6. 7.

könnte. — Dass es sich um eine der Memnonsstatuen handelte, wird nun aber geradezu ausgeschlossen durch die Angabe, dass die Statue des Königs aufgestellt worden sei *m ḥt-f tn wr-t* „in diesem seinem grossen Hause". Der Name des Tempels ist nicht genannt, sondern durch das Demonstrativpronomen *tn* ersetzt. Es kann damit also nur der Tempel gemeint sein, in dem die Statue mit der Selbstbiographie des Amenhotep, wohl eben wegen seines Verdienstes um den Tempel bestehend in der Errichtung jener Königsstatue, aufgestellt war, d. h. der Amonstempel von Karnak, in dem sie Mariette vorgefunden hat (Mar. Karn. Texte, p. 57). Eine Statue Amenophis' III hat sich nun im Tempel des Amon selbst bisher nicht gefunden, wohl aber stehen vor dem südlichsten Pylone des Tempelbezirkes (Pylon X Mariette = IX Lepsius) die Reste zweier Kolossalstatuen, von denen die eine Haremheb, die andere Amenophis III darstellte. Da der Pylon erst von Haremheb unter Benutzung von Baustücken Amenophis' IV errichtet worden ist, kann die Statue Amenophis' III erst von Haremheb an ihren jetzigen Platz gebracht sein. Da sie nach Lepsius Bemerkung aus demselben rötlichen Steine besteht wie die Memnonskolosse, so haben wir in ihr vielleicht die Königsstatue zu sehen, die unser Amenhotep, der Sohn des Hapu, im Tempel des Amon aufgestellt hat. Nach Wiedemann (Äg. Gesch. 388) schätzt man ihre einstige Höhe allerdings nur auf etwa 15 m, während die von Amenhotep errichtete Statue 40 Ellen messen soll, was bei der gewöhnlichen Elle von 0,52 m eine Höhe von beinahe 21 m ergeben würde, doch ist darauf wohl nicht zuviel Gewicht zu legen, da es eine Reihe von ähnlichen Ellenangaben nicht unwahrscheinlich macht, dass man in solchen Fällen nach einer anderen, kleineren Elle rechnete[1]. Wie dem auch sei, auf jeden Fall ist es eine Statue im Tempel von Karnak, die Amenhotep errichtet hat und nicht einer der oder gar beide Memnonskolosse auf dem Westufer Thebens.

Da uns Amenhotep, der Sohn des Hapu, auf seiner Statue seine Laufbahn nur bis zu dem Zeitpunkte erzählt, wo er die Statue des Königs und zugleich seine eigene im Tempel des Amon aufstellen liess, so besteht die Möglichkeit, dass er späterhin noch andere Ämter bekleidet hat und dass daher von seinen gleichnamigen Zeitgenossen, die ihren Vater nicht nennen, auch solche ihm gleichzusetzen sind,

[1] So z. B. wenn zwei Obelisken die ungeheure Höhe von 108 Ellen (LD III, 27, 11), ein anderer gar 110 Ellen (Anast. 1, 15, 3), das Schiff zum Transport der in Wirklichkeit nur 23 m hohen Obelisken Thutmosis' I 120 Ellen haben sollen (Rec. XII, 106, 10).

die andere Titel, als er auf seiner Statue, haben. Ohne Bedenken wird man zunächst den „Erpate und königlichen Schreiber A.“, der im Tempel von Soleb mit anderen Beamten an den Gründungsceremonieen Teil nimmt (LD III, 83), mit ihm identificieren dürfen, da er die gleichen Titel in seiner Biographie führt. Auch der „grosse Vorsteher der Truppen A.“, der auf der Insel Bigeh genannt wird (Champ., Not. I, 161), könnte mit ihm identisch sein; endlich auch „der Vorsteher der Hauptstadt und Vezier A.“, der zugleich Oberbaumeister war (Naville Bubastis 32); denn diese Titel erhält auch unser Amenhotep einmal in späterer Zeit (LD IV, 67d). Ein „Vorsteher der Hauptstadt und Vezier A.“, der von unserem Amenhotep verschieden zu sein scheint, tritt aber auch in der aus dem 31sten (nicht, wie meist behauptet wird, 11ten) Jahre datierten Inschrift des Britischen Museums (Inscr. in the hier. char. 29) auf, wo er mit mehreren anderen hohen Beamten in den Tempel unseres Amenhotep, des Sohnes des Hapu, geführt wird, um in Gegenwart des Königs der Verlesung der Stiftungsurkunde für den Kult dieses Tempels beizuwohnen.

Diese Inschrift ist lange für das Original aus der Zeit Amenophis' III. gehalten worden. Die Orthographie, die Form der hieratischen Zeichen und die vielfachen Versehen lehren aber, wie Erman (Ägypten I 214) zuerst erkannt hat, dass wir es mit einer Abschrift aus späterer Zeit zu thun haben. Wohl weil alle anderen Denkmäler, auf denen Amenhotep in späterer Zeit erwähnt wird, in die Ptolemäerzeit gehören, hat Petrie, vielleicht richtig, auch diesen Denkstein als ptolemäisch bezeichnet (Hist. II 197). Wie man bisher angenommen hat, soll in der Inschrift stehen, dass der Tempel dem Amon-ra-sonter von Amenhotep, dem Sohne des Hapu, geweiht worden sei und den Namen „Tempel von Kak des Amenhotep“ geführt habe (Brugsch ÄZ. XIII 123 ff.). Da es nun aber etwas ganz Ungewöhnliches wäre, wenn ein Privatmann auf seinen Namen den Göttern einen Tempel erbaut hätte, so wollte man darin eben einen Beweis für die besondere Frömmigkeit unseres Amenhotep sehen, dem es nicht genügt hätte als Oberbaumeister im Namen des Königs Tempel zu errichten (Meyer Gesch. Äg. 254). Mehrere Irrtümer liegen aber in dieser Auffassung. Denn erstens steht nicht in der Inschrift, dass der Tempel dem Kultus des Amon-ra-sonter geweiht gewesen sei. Die zerstörte Stelle, aus der man dies herausgelesen hat, besagt vielmehr nur, dass jenes im westlichen Theben gelegene Gebäude dem Schutze des Amon-ra-sonter unterstellt gewesen sei. Der folgende Satz „er (Amon) ist der König der Ewigkeit (wie Osiris), er ist es, der die Verstorbenen schützt“ bestätigt das und zeigt zugleich deutlich, dass es sich nicht um einen Tempel handelt, den Amenhotep den Göttern errichtete, sondern um einen Totentempel, der dem Wohle seiner eigenen Seele dienen sollte. Das besagt denn auch der angegebene Name des Gebäudes. Dass die übliche Übersetzung „Tempel von Kak des Amenhotep“ oder „sein Tempel von Kak“ falsch ist, hätte Niemandem zweifelhaft sein sollen. Kak müsste dabei der Name eines sonst unbekannten Ortes gewesen sein, an dem der Tempel lag. Aber dann müsste es „das Haus des Amenhotep in Kak“ oder „sein Haus in Kak“ heissen; das beweisen die zahlreichen Tempelnamen des neuen Reichs, die den Namen des Erbauers enthalten; sie sind alle in der Weise gebildet, dass dem Worte *ḥt* „Tempel, Haus“ der Name des Erbauers im Genitiv nachgesetzt und dann der Name des Ortes mit der Präposition *m* angeknüpft wird, wie z. B. „das Haus (der Tempel) Ramses' II im Bezirk des Amon.“ Die Verbindung der ganzen Gruppe die man „Tempel von Kak“ las, mit dem Genitiv („des Amenhotep“) oder dem Possessivartikel *t3yf* „sein“ musste schon darauf führen, dass in ihr kein Eigenname eines Tempels, sondern eine allgemeine Bezéichnung, etwa für einen Totentempel, stecke. Und so ist es in der That, wenn man die Gruppe anders als es bisher geschehen ist, auflöst. Das hieratische Zeichen, das unter dem *k3* steht, sieht in unserer Inschrift allerdings ebenso aus wie der Buchstabe *k*, doch kann kein Zweifel sein, dass es hier vielmehr das hieroglyphische Zeichen  vertritt, das zu allen Zeiten oft unter dem Worte *k3* „Geist“ erscheint. Dass dabei der Strich hinter *k3* nicht anstössig ist, lehrt z. B. der etwa aus ptolemäischer Zeit stammende Berliner Papyrus P. 3057. Die ganze Gruppe ist also 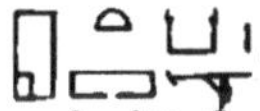 „das Haus (der Tempel) des *k3*“ zu lesen und das ist eine sehr häufige Bezeichnung für die Totenkapellen von Privatleuten (Chnemḥ. 173. LD II 6. 46. 50 a. 76 a. 110. 111 u. o.)

Dieser Tempel des Amenhotep, des Sohnes des Hapu, aus der Zeit Amenophis' III ist uns nicht erhalten. Wie bekannt, hat aber Brugsch einen jüngeren Neubau für ihn in dem Tempelchen von Der-el-Medineh erkennen wollen, das in der Ptolemäerzeit erbaut ist (ÄZ. XIII 123 ff.). Aber dort findet sich nur auf einer der beiden Säulen des Vorraums eine Darstellung des vergötterten Amenhotep, des Sohnes des Hapu. Im ganzen Tempel, der der Hathor von Theben und der Maat, sowie dem Amon-ra-sonter und Amon-rap-mry-nfr geweiht war, kommt er nach Lepsius' ausführlicher Beschreibung kein einziges Mal wieder vor und auf der anderen Säule ist als Gegenstück zu ihm ganz gleich berechtigt der Gott Imḥotep dargestellt. Mit diesem Gott zusammen kommt er auch in anderen Tempeln derselben Zeit vor (Der-el-bahri, Medinet-Habu, s. u.). Die Darstellung in Der-el-Medineh berechtigt uns also nicht dazu, in diesem Tempel den Totentempel des Amenhotep zu sehen. Das Einzige, was dafür sprechen könnte, die ungewöhnliche Darstellung des Totengerichts in einem Raum neben dem Allerheiligsten (LD IV 16b), wird von Lepsius gewiss mit Recht daraus erklärt, dass der Tempel ja neben der Hathor in erster Linie der Maat, der „Gerechtigkeit", geweiht war (LD IV 15 f. g). Dass als Gegenstand des Totengerichts nicht der König, sondern eine namenlose Privatperson dargestellt ist, wird durchaus natürlich erscheinen, wenn man bedenkt, dass der König, der der Maat das Heiligtum widmete und sie durch diese Darstellung als Teilnehmerin am Gerichte feiern wollte, doch nicht selbst als Verstorbener vor ihr erscheinen konnte.

Eine andere Erwähnung des angeblichen „Tempels von Kak des Amenhotep" wollte Revillout in einer Rechtsurkunde aus der Zeit des Philometor (nicht wie er angiebt Philopator) entdeckt haben (Rev. égypt. III 131), wo ein „gardien de tous les actes de Pa-hotep-en-how, qui sur la montagne de Djeme, l'epistate du basilicogrammate Amenhotep fils de Hui, le dieu grand" als Kontrahent und ein „champ du neter-hotep devant le basilicogrammate Amen-hotep fils de Hui" als Nachbar eines anderen Grundstücks genannt sein sollen. Revillout sieht in dem Pa-hotep-en-how den eigentlichen Namen des „Tempels von Kak" und in dem „basilicogrammate Amen-hotep fils de Hui" den Gründer dieses Tempels, unsern Amenhotep, der aber, was Revillout nicht bekannt zu sein scheint, überall, auch auf den Denkmälern der Ptolemäerzeit, „Sohn des Hapu" heisst, während der Name Huy sein eigener Beiname, nicht der Name seines Vaters war. Falls Revillout's gewiss nicht gerade wahrscheinlich aussehende Umschreibung der Stelle richtig ist, so könnte doch nicht deutlicher gesagt sein, dass wir es hier nicht mit unserm, sondern mit einem andern Amenhotep zu thun haben.

In der Inschrift, die die erwähnte Darstellung des Amenhotep, des Sohnes des Hapu, im Tempel von Der-el-Medineh begleitet, wird von ihm ausgesagt, „sein Name bleibe bis in Ewigkeit, nicht vergehe das von ihm gesagte" (ÄZ XIII 125). Erman hat darin gewiss mit Recht einen Hinweis auf eine litterarische Hinterlassenschaft unseres Amenhotep erblickt (ÄZ XV 147). Da nun das von Pleyte in seinen Chapitres supplémentaires als Kapitel 167 publizierte mystische

Buch den Titel hat: „Buch vom Geheimhalten der Gestalt, das der königliche Schreiber oberer Ordnung Amenhotep, der Sohn des Hapu, gefunden und sich zu einem Amulett für seinen Leib gemacht hat“, so hat man kein Bedenken getragen, jene Worte auf dieses wenig geistvolle Machwerk zu beziehen, indem man in dem „Finden“ des Buches eine Umschreibung für das Verfassen sah. Diese Deutung des Wortes „finden“ ist aber keineswegs so sicher, wie man wohl gewöhnlich meint; die dem Titel vorangehende Angabe, dass das Buch zu den Schriften gehöre, die Prinz Cha-em-wese in einem Gefäss unter dem Haupt eines Toten in der memphitischen Nekropole gefunden habe, widerlegt sie eigentlich geradezu und zeigt, dass man sich unter dem Finden doch wohl ein wirkliches Auffinden dachte; sonst wäre eine doppelte Fundangabe ja unmöglich. — Nach Maspero (Mém. sur quelqu. pap. du Louvre p. 23) soll nun dieses Buch, das von unserm Amenhotep aufgefunden sein soll, in einem Totenpapyrus, der etwa der späteren Ptolemäerzeit angehören dürfte, (Mar. Pap. de Boul. No. 3, Seite 3, Z. 23) geradezu als ein Buch des Amenhotep citiert sein in der folgenden Anrede an den Verstorbenen: „ton âme se fraye un chemin(?) avec le livre royal et le livre excellent de l'officiant en chef Amenhotep“ (*hn b3-k ḥnc sh stn sh nfr hrj-d3d3 'Imn-htp*). In dem hier angeblich genannten „königlichen Buch“ will Maspero das bei Mariette Pap. de Boul. No. 5 publicierte Buch wiedererkennen, das aber Gebete an die Stundengöttinnen für das Wohl des Pharao enthält und deshalb für die Seele des Verstorbenen kaum von grossem Nutzen hätte sein können. Da aber ausserdem der Titel dieses Buches, wie ihn die Schlussformel giebt (*k3ti n pr stn*), nicht mit dem angeblichen Citat übereinstimmt, so ist diese Identifikation durch nichts begründet, im Gegenteil höchst unwahrscheinlich. Wäre aber an der obigen Stelle wirklich von zwei Büchern die Rede, mit denen der Tote in der Unterwelt wandeln sollte, so könnte das Wort „mit“ im Ägyptischen nur durch *hr* „unter“ („versehen mit“) oder *m* „durch“ („mit Hilfe von“) wiedergegeben sein, nie und nimmer durch das koordinierende *ḥnc*, das unsere Stelle aufweist; dieses zeigt vielmehr, dass das folgende Wort eine Person sein muss. Es ist denn in Wahrheit auch nicht das „königliche Buch und das vortreffliche Buch des Amenhotep“, mit dem die Seele des Verstorbenen in der Unterwelt zusammen gehen soll, sondern „der königliche Schreiber und Schreiber der jungen Mannschaft (*nfr*) oberer Ordnung Amenhotep“ d. h. unser Amenhotep, der Sohn des Hapu, der eben diese Titel führte, in Person. Jeder Zweifel daran wird gehoben durch die gleich darauf folgenden Worte „deine Seele vereint sich mit

Imhotep" (Seite 4, Z. 1), denn gerade mit diesem Gotte zusammen treffen wir ihn in den Darstellungen der Ptolemäertempel wiederholt an.

So wenig aus diesen beiden letzten Stellen eine Spur der litterarischen Thätigkeit des Amenhotep zu erschliessen ist, so wenig auch aus der Angabe Manetho's (Jos. c. Ap. I 26), dass Amenhotep dem Könige über das, was er ihm nicht zu sagen wagte, eine γραφή hinterlassen habe. Es handelt sich da offenbar nur um eine schriftliche Mitteilung (im Unterschied zu der vermiedenen mündlichen), etwa einen Brief o. ä., wie es denn auch Josephus (ib. I 28) verstanden hat (τῷ δὲ βασιλεῖ γεγραμμένην τὴν πρόρρησιν καταλιπεῖν). Dagegen hat uns Wilcken in dem unten mitgeteilten Text eines griechischen Ostrakons vielleicht eine neue Spur der litterarischen Thätigkeit des Amenhotep nachgewiesen. Wenn die weisen Sprüche, die ihm dort zugeschrieben werden, auch in Wahrheit anderen Ursprungs sind, so werden sie ihm vermutlich doch deshalb untergeschoben worden sein, weil es ähnliche Geistesprodukte von ihm gab, etwa im Stile der bekannten Unterweisungen des Ptah-hotep und Kagemnej u. a. Übrigens könnte sich die Angabe von der Unvergänglichkeit seiner Worte, wie Wilcken richtig bemerkt, auch schon auf diese untergeschobenen Sprüche beziehen, da sie erst aus der Zeit Energetes' II. stammt und also beträchtlich jünger als das griechische Ostrakon ist.

Dem Ruf der Weisheit, in dem Amenhotep, der Sohn des Hapu, stand, hatte er es zu verdanken, dass er in ptolemäischer Zeit zu einem Gotte wurde und als solcher wie die anderen Götter und mit ihnen zusammen in mehreren Tempeln des westlichen Thebens verehrt erscheint. Im Tempel von Der-el-Medineh ist er, wie schon erwähnt, auf der einen Säule des Vorraums vor einem Opfertische sitzend, dargestellt, während ihm auf der andern Imhotep entspricht (Brugsch Ä. Z. XIII 125); im Tempel von Der-el-baḥri erscheint er in der hintersten Kammer des Felsenspeos der obersten Terrasse auf der einen Seite vor einem mit 26 Sternen ausgefüllten Königsschilde, während auf der andern genau entsprechend Imhotep steht (DHI. II 7. LD IV 67); endlich wird er in dem kleinen Tempel des Thoth südlich von Medinet-Habu (auf dem Plane der Denkmäler mit LL bezeichnet) hinter Thoth und Imhotep sitzend angebetet (LD IV 32c). In allen drei Fällen erscheint er also, wie in der oben besprochenen Stelle des Papyrus Bulak Nr. 3, als gleichberechtigtes Gegenstück zum Imhotep, der ja selbst allem Anschein nach ein vergötterter Weiser gewesen ist. Während dieser Gott aber, wie auch sonst in den

Darstellungen aus ptolemäischer Zeit, ganz die Tracht der übrigen Götter, das Gewand mit Tragebändern, den langen Götterbart, die sich deckenden Füsse hat, hat unser Amenhotep noch menschliche Tracht, in Medinet-Habu sogar den grossen Umhang des neuen Reichs, den kurzen Bart der Vornehmen, die menschliche Perrücke, die getrennten Füsse. Kurz seine Gestalt ist rein menschlich, und so auch die Prädikate, die er in den Beischriften erhält, vor allem das ständige *mꜣꜥ-ḫrw* „selig", das Imhotep nie erhält; auch „Diener des Amon, der von ihm geliebt ist", „hervorgekommen aus der Sefḫet", „der göttliche Same des Thoth", „vortrefflichen Mundes wie Thoth" sind Bezeichnungen, die man bei andern Göttern schwerlich finden wird. Alles das macht den Eindruck, als ob unser Amenhotep eine ganz junge Gottheit gewesen sei, für die sich noch keine Göttertitulatur und keine Göttergestalt herausgebildet hatte, wie für den Imhotep, der ganz ähnlich in den Bronzen der kurz vorhergehenden Zeit noch die menschliche Tracht des neuen Reichs hatte, nun in der Ptolemäerzeit aber stets Göttergestalt und Göttertracht bekommt. Nun stammen alle drei Darstellungen, in denen Amenhotep, der Sohn des Hapu, als Gott verehrt wird, aus einundderselben Zeit; die Darstellung in Medinet-Habu gehört dem Ptol. IX. Euergetes II., der selbst vor dem Gotte steht (in LD. nicht publ.); desselben Königs Namen stehen in Der-el-bahri auf der einen Seite mit dem seiner Schwester Kleopatra II., auf der anderen mit dem seiner Gemahlin Kleopatra III. zusammen am Rande der Darstellung (DHI II 7 d. e), die demnach aus der Zeit nach 141 herrühren muss. Die Darstellung in Der-el-Medineh endlich ist zwar nicht sicher datiert; da aber der Raum hinter den Säulen von Ptol. Philometor ausgeschmückt ist, der an einzelnen Stellen von seinem Bruder Euergetes II. begleitet ist (LD IV 28 a und nach Lepsius in der Inschrift des Architravs über den Säulen), so wird die Ausschmückung frühestens in dieselbe Zeit (also in die gemeinsame Regierung der Brüder 170 v. Chr.), möglicherweise aber etwas später in die Alleinregierung Euergetes' II. fallen. Diese Gleichzeitigkeit der drei einzigen Darstellungen, in denen uns Amenhotep, der Sohn des Hapu, als Gott begegnet, würde ein sehr wunderbarer Zufall sein, wenn er schon in früherer Zeit göttliche Verehrung genossen hätte; dagegen wäre sie durchaus natürlich, wenn gerade damals der Kult dieses, wie wir sahen, jungen Gottes aufgekommen wäre. Für die Datierung des Papyrus Bulak No. 3, in dem uns Amenhotep, der Sohn des Hapu, gleichfalls mit Imhotep in Parallele gestellt begegnete, können vielleicht die demotischen Seitenüberschriften in Betracht kommen; sie scheinen mir, soweit ich es beurteilen kann, dem nicht zu widersprechen, sondern ebenfalls auf die spätere Ptolemäerzeit zu weisen. Was Manetho (bei Jos. c. Ap. I 26) von unserem Amenhotep sagt, scheint mir sogar eine Bestätigung dafür zu sein. Er nennt ihn einen σοφὸς καὶ μαντικὸς ἀνήρ und θείας δοκῶν μετεσχηκέναι φύσεως κατά τε σοφίαν καὶ πρόγνωσιν τῶν ἐσομένων; Amenhotep ist also für Manetho noch kein Gott, sondern ein weiser Mensch, der hinsichtlich seiner Weisheit und Voraussicht der kommenden Dinge — und nur in dieser Hinsicht, denn das κατὰ enthält eine Einschränkung — göttlicher Natur teilhaftig gewesen zu sein scheint. Dass damit die Meinung der Zeit Manetho's, nicht, wie man meist angenommen, des Königs Amenophis' III., der sich deshalb an ihn gewandt habe, wiedergegeben ist, scheint mir aus dem Perfektum μετεσχηκέναι klar und deutlich hervorzugehen. Es ist damit gesagt, dass das Teilhaftigsein göttlicher Natur in der Vergangenheit, d. h. in der Lebenszeit des Mannes lag. Bezöge sich das δοκῶν auf Amenophis III., so müsste es ohne Zweifel μετέχειν heissen, da doch gewiss nicht gesagt sein sollte, dass Amenhotep das Teilhaftigsein der göttlichen Natur damals, als ihn der König fragte, verloren habe. — Im Übrigen auf Manetho's Bericht einzugehen muss ich mir versagen, ich muss das Berufeneren überlassen.

Um die Ergebnisse dieser Zeilen kurz zusammenzufassen: Von Amenhotep, dem Sohne des Hapu, ist weder bekannt, dass er der Errichter der Memnonskolosse war, noch dass der Tempel von Der-el-Medineh an Stelle eines von ihm gegründeten Tempels steht. Schriften von ihm sind uns bis auf die ihm untergeschobenen griechischen Sprüche nicht sicher erhalten. In ptolemäischer Zeit ist er zum Gott erhoben worden, wahrscheinlich erst unter Euergetes II., bei Manetho scheint er noch nicht als solcher zu gelten.

Eine neue Sammlung von Liebesliedern.

Von

Wilhelm Spiegelberg.

Die Litteraturgattung, deren erste Bekanntschaft wir dem Scharfsinn Masperos[1] verdanken, kann ich jetzt um ein weiteres wichtiges Stück vermehren. Auf einer grossen Scherbe des Museums zu Gizeh (Nr. 584) findet sich in den schönen, freilich etwas verblassten hieratischen Schriftzügen der Dynastie XIX—XX der hier mitgeteilte Text, unter welchem noch die Spuren einer älteren Aufschrift gelegentlich recht störend hervorschauen. Sind wir doch in der fünften Zeile sogar in der Lage, festzustellen, dass unser Ostracon vorher mit den bekannten Unterweisungen des Amenemḥet[2] beschrieben war. Indessen kann die umstehend mitgeteilte hieroglyphische Umschrift bis auf unwesentliche Einzelheiten für sicher gelten.

Die ersten Zeilen sind so zerstört, dass sich erst von Zeile 5 an eine fortlaufende Übersetzung geben lässt. Ich habe dabei versucht, die Lücken hier und da zu ergänzen.[3]

Übersetzung.

Erstes Lied.[4]

„Ich steige nach deinem Willen[5] in's Wasser,
Ich komme heraus mit einem roten, herrlichen Fisch[6] in meiner Hand[7] für dich.
. . . . komm und sieh mich an!“

---

[1] Études égyptiennes I, 217 ff.

[2] Man erkennt deutlich: 

[3] In der Übersetzung ist Unsicheres — und daran fehlt es bei einem poetischen Texte nicht — durch schrägliegenden Druck gekennzeichnet.

[4] Wie man aus der hieroglyphischen Umschrift ersehen kann, ist es nicht ganz sicher, dass mit Zeile 5 ein neues Lied beginnt.

[5] ⲞϨⲚⲀⲔ.

[6] Im Text ist von einer besonderen Fischart ([illegible]?) die Rede.

[7] Wörtlich: „auf meinen Fingern“.

Zweites Lied:

„Die Liebe der Geliebten[1] hüpft (I) am Ufer des Nils unter [den Fischen]...
Ein Krokodil steht auf der Sandbank (II).
Ich (aber) steige ins Wasser
Und *stürze mich* in die Flut.
Mein Mut geht hoch in dem See.
Die Wogen sind wie Land für meine Füsse.
Ihre Liebe ist es, die mir Kraft verleiht.
Denn sie ist mir ein *Zauberbuch* (III).
Sehe ich die Geliebte daher kommen,
So jubelt mein Herz.
Meine Arme sind ausgebreitet . . . ., um sie zu umarmen.
Mein Herz freut sich über . ? . .
Wie in . . . . . in Ewigkeit,
Seitdem meine Herrin zu mir kam."

Drittes Lied:

„Umarme ich sie,
So sind ihre Arme ausgebreitet.
Und ich bin wie einer (IV), der im Weihrauchlande ist,
Wie einer, welcher von *Salben* duftet."

Viertes Lied:

„Küsse ich sie,
So sind Lippen geöffnet,
Und ich bin selig ohne Bier.
Was (V) *besteht gegenüber* [*den*] *Reizen ihres Lagers!* (VI)
Du Diener! Ich sage dir:
Lege Byssus zwischen ihre Glieder,
Wenn sie in Linnen sich schlafen legt!
Sorge für Weisszeug!
Schmücke [dich mit einer Perrücke][2],
Welche mit feinstem Öl[3] getränkt ist."

Fünftes Lied:

„O (VII) wäre ich ihre Sklavin[4] in ihrem Gefolge!
Dann sähe ich die Farbe aller ihrer Glieder."

[1] Ich habe die „Schwester" des ägyptischen Textes stets durch die obige Übersetzung wiedergegeben. Auch im Hebräischen wird אָחוֹת zur Bezeichnung der Geliebten gebraucht. (Ct. 4, 9 ff. 5/2.)

[2] Zu dieser Ergänzung vgl. Erman: Aegypten 316.

[3] Wörtlich: „Tpsöl". [4] Wörtlich: „Negerin".

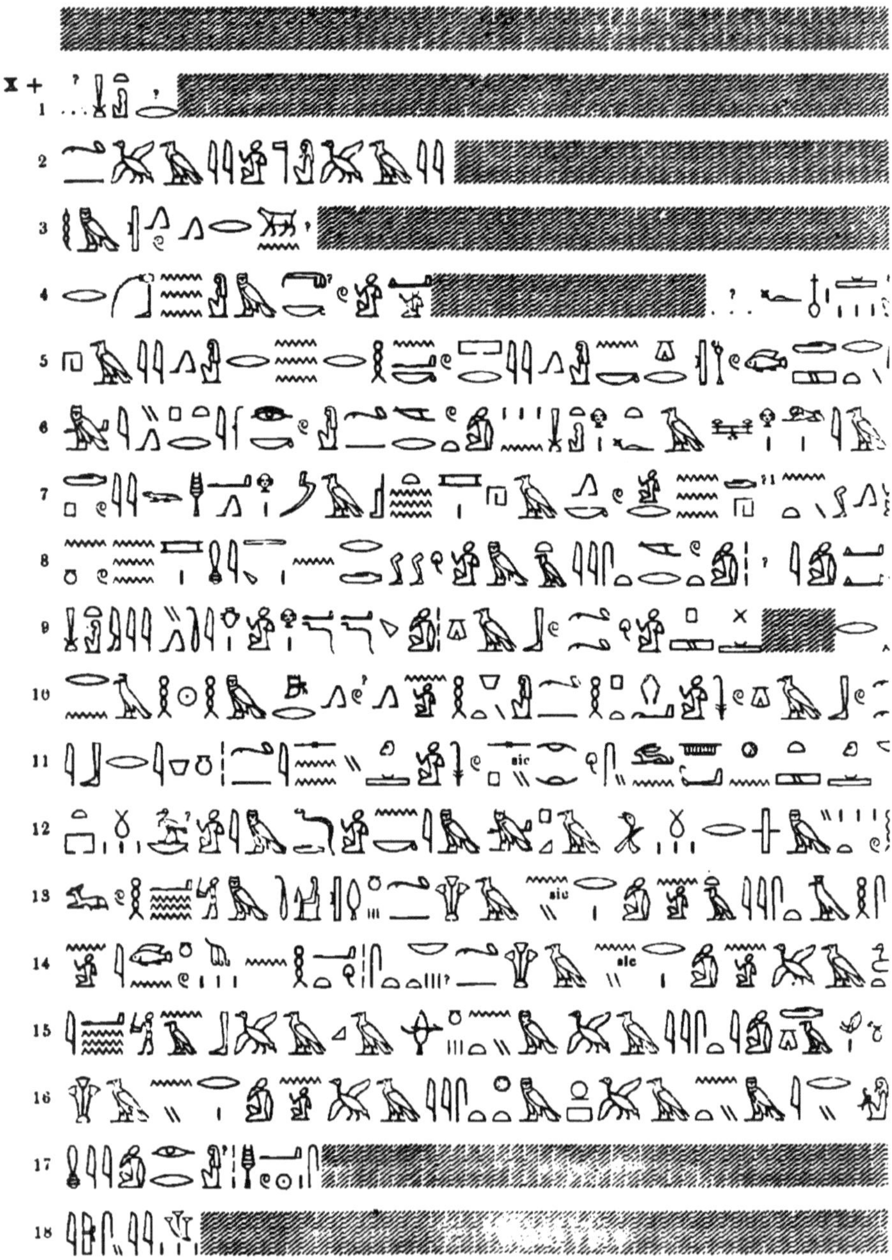
X +
1
2
3
4
5
6
7
8
9
10
11
12
13
14
15
16
17
18
sic
sic

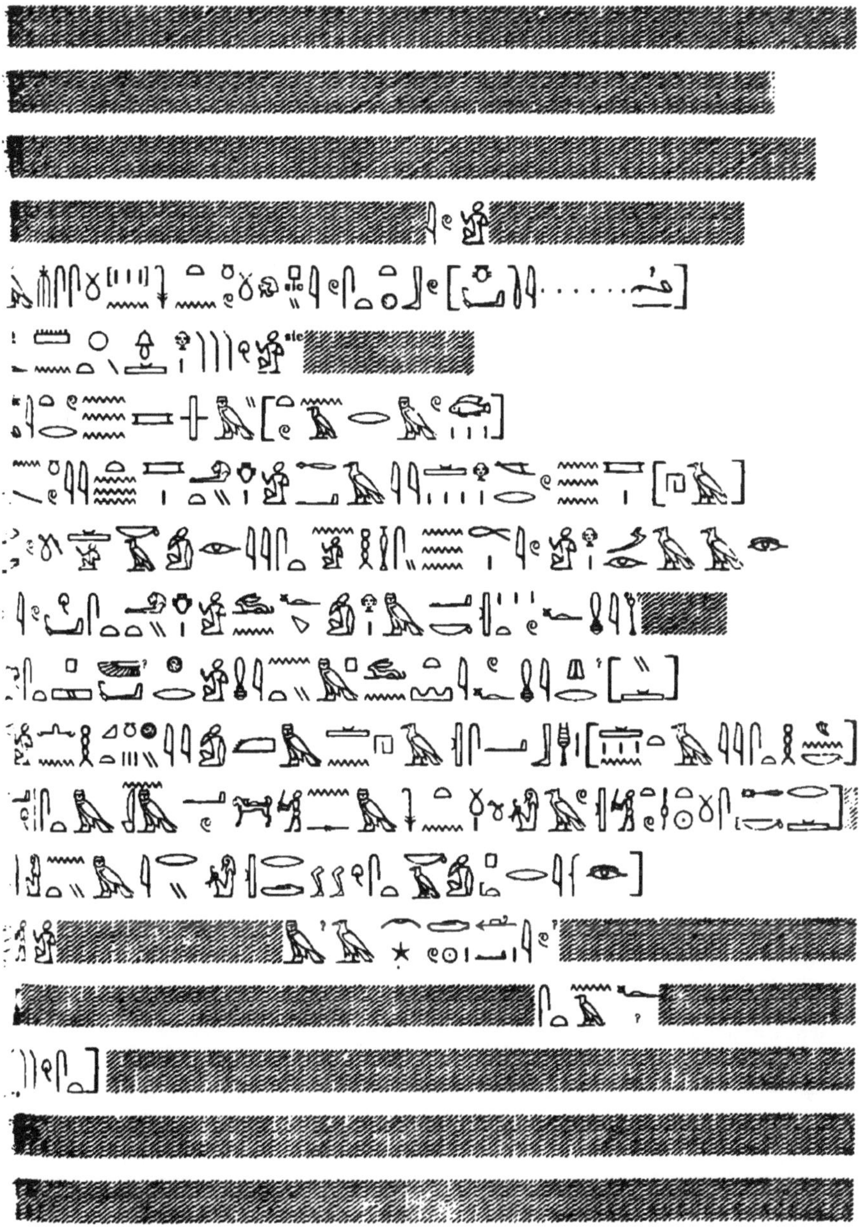
sic

Sechstes Lied:

„O, wäre ich der Wäscher, welcher monatlich [ihre Kleider wäscht)

. . . .

Welcher die Ölflecken wäscht, die in ihrem *Kopftuch* (VIII) sind,

[Dann würde ich ihren Duft atmen]“

Siebentes Lied:

„O, wäre ich der Ring an ihrem Finger!

[Dann würde ich stets bei ihr sein].“

Die noch folgenden abgerissenen Worte sind ebensowenig zu verstehen, wie die links von den ersten fünf Zeilen noch erhaltenen Reste

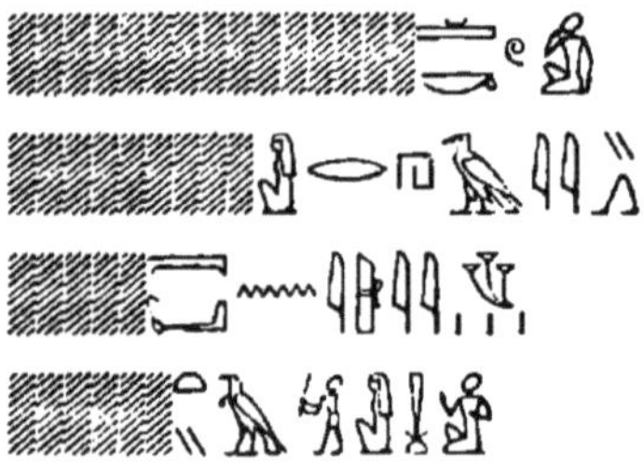

Kommentar.

I.  gehört zu dem Stamme *tf*, mit der Grundbedeutung „springen“, auf welchen auch die Bildung *tftf* zurückgeht. Letzteres Verbum findet sich an einer Stelle[1] von dem Springen der Fische gebraucht und bestimmte mich zu der obigen Auffassung.

II. Zu diesem Bilde vgl. Champollion: Not. II, 96 

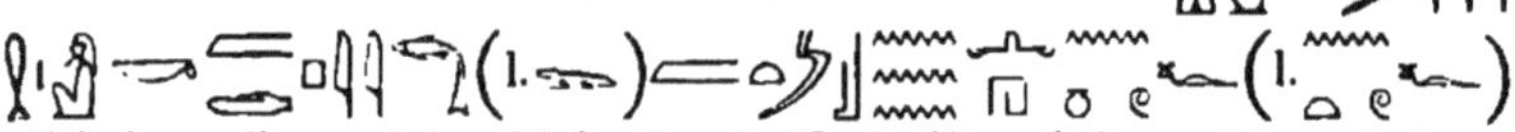

„Ich lasse ihnen deine Majestät als Krokodil auf der *mꜣst* erscheinen, welchem sich niemand nähert“.[2]

und Anast. IV 1b, 5, wo ich mit einer leichten Abweichung von Maspero[3] auf Grund der beiden andren Stellen so ergänze: 

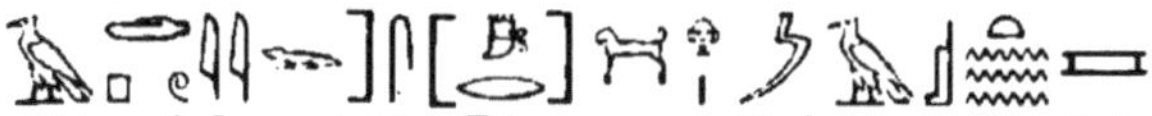 „das Krokodil ruht auf der *mꜣst*“. Die genaue Bedeutung des letzteren Wortes ist schwer festzustellen. Man kann mit Maspero (a. O.) an die „Untiefen“

[1] Breasted: Hymnus § 39.

[2] Auf die Verwandtschaft dieses Verses mit dem Hymnus Thutmosis' III hat bereits Maspero, Genre épist. 90 aufmerksam gemacht.

[3] Genre épist. 46, Anm.

im Nil denken, oder auch auf die Sandbänke in der Nähe des Ufers raten, auf welchen sich die Krokodile zu sonnen pflegen.

III. Die problematische Übersetzung des mir sonst nicht bekannten  geht von dem Verbum  „fascinieren“ aus.

IV. In *ḫrî*[1] *mî ntï* liegt *ḫr* in der aoristischen Bedeutung vor, welche zur Bildung des koptischen ϣⲁ- geführt hat und sich auch sonst im Neuägyptischen nachweisen lässt, z. B.

Lepsius, Ausw. 22 (Goldminenkarte):

„Die Berge, aus welchen man Gold gewinnt(?).
Sie sind in dieser roten Farbe (gegeben)“.

Auf die demotische entsprechende Form hat bereits Brugsch ÄZ 88, 18ff. aufmerksam gemacht. Doch wird statt *ḫr stmf* gewiss *ḫrf stm* (ϣⲁϥⲥⲱⲧⲙ) zu lesen sein[2].

V. Zu 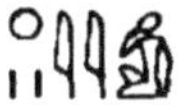 vgl. Spiegelberg, Correspondances, S. 285.

VI. In 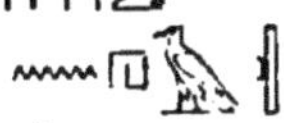 sehe ich die neuägyptische Schreibung von 

VII. Die angenommene Bedeutung von  (utique) liegt hier klar zu Tage. Wahrscheinlich ist das Wort eine neuägyptische Weiterbildung[3] von  (= ϩⲁⲓⲟ utique), welches sich ja auch mit folgendem Dativ nachweisen lässt, so Bauerngeschichte (P. Butler, Z. 25)[4]  „möchte mir jedes vortreffliche Götterbild sein (d. h. beistehen)!“ Auf die sonstigen Bedeutungen von *ḥꜣnr* denke ich bei Gelegenheit zurückzukommen.

Übrigens findet sich unsre Wendung in einem ähnlichen Gedanken

---

[1] 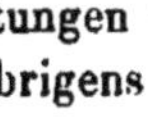 steht für 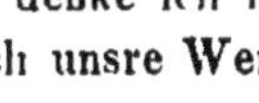 an Stelle des alten Pronomen absolutum (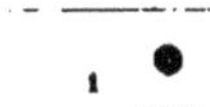) im Nominalsatz (Erman, Gr. § 332). Das Beispiel LA 22 giebt die richtige Auffassung an die Hand.

[2] Auf diese abkürzende Orthographie des Demotischen ist zuerst von Erman (N. Gr. § 7 ff.) hingewiesen worden.

[3] Vgl.  von  (Brugsch, W. Suppl. VI, 425).

[4] S. Griffith, Proceed., 1892, S. 13 und Erman, Chrestomathie 29*.

des Pap. Harris V. 500 wieder (10, 12—13) 

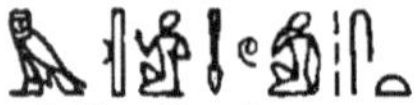 „o, dass ich Thürhüter würde und sie mich ausschölte(?), dann würde ich ihre Stimme hören!"

VIII. *ṯdy3* ist wahrscheinlich das Kopftuch, mit welchem die Damen den Kopf „bedecken" (*dg* = ⲧⲱⲟⲩ, daher wohl der Name). Da das natürliche und künstliche Haar stets von Salben triefte, so musste dieses Tuch gewiss oft zu dem Wäscher wandern. Pap. Anast. III, 3, 2—3 

„liebliches Öl ist auf ihrem Haupt an der neuen Perrücke(?)" ist ein vortrefflicher Kommentar zu unserer Stelle.

So kurz und lückenhaft die hier mitgeteilte Sammlung ist, so bedeutet sie doch eine wertvolle Bereicherung der ägyptischen Litteraturgeschichte. Stehen doch diese anmutigen Verse an dichterischem Wert vielleicht noch über den bislang bekannten Proben der Lyrik des neuägyptischen Reiches. Die Bilder scheinen mir weniger gesucht, der Ausdruck weniger gekünstelt und die Empfindung natürlicher. Gerade in der einfachen, schlichten Wiedergabe echt menschlicher Gefühle rufen diese Lieder verwandte Klänge unserer eigenen Lyrik in uns wach, und so grüssen uns diese Verse einer fernen Vergangenheit wie gute Bekannte über die Jahrtausende.

[1] Maspero's Lesung 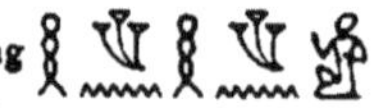 ist nicht zulässig (vgl. die in dem Pap. üblichen Formen von  z. B. 10, 6) *ḥdḥd* ist wohl im kopt. ϩⲟϫϩϫ „premere, opprimere" erhalten. Der Strich unter  ist der bekannte Füllstrich. Die mir einen Augenblick möglich scheinende Lesung  ist beim Vergleich von   15, 9 aufzugeben.

Eine neue Art ägyptischer Kunst.

Von

Georg Steindorff.

Mit 1 Lichtdrucktafel und 9 Figuren im Text.

Zwei ziemlich unscheinbare und wenig umfangreiche Bruchstücke sind es, die ich an dieser Stelle dem engeren Kreise der Fachgenossen und dem weiteren der Archäologen vorlegen möchte, kleine Reliefs, die aber ein grosses wissenschaftliches Interesse für sich in Anspruch nehmen. Gehören sie doch einer eigentümlichen Gattung altorientalischer Kunst an, von der erst seit einigen Jahren ein paar Proben bekannt geworden sind, die zunächst der sicheren Bestimmung ihrer Heimat und ihres Alters grosse Schwierigkeiten in den Weg stellen.

Die beiden Bruchstücke, mit denen ich mich hier in erster Reihe beschäftigen möchte, befinden sich im Museum zu Kairo (Gizeh) und sind angeblich in Abydos gefunden worden. Ihr Material ist eine Art grünen Schiefers, wie er auch sonst mehrfach in Ägypten verarbeitet worden ist.

Das erste Bruchstück (vgl. die Lichtdrucktafel), das die No. 444 (= 27434) führt[1], ist das abgerundete Ende einer dünnen Platte; seine grösste Breite beträgt 21 cm, seine Höhe 19 cm. Zu was für einem Gegenstand das Stück gehört hat, wage ich nicht zu bestimmen. Die breiten Flächen sind geglättet und mit Flachreliefs bedeckt. Die *Vorderseite* zeigt zunächst drei Reihen von Tieren, und zwar in der oberen vier Rinder, in der mittleren vier Esel, in der unteren fünf Widder, von denen der letzte (dessen Körper infolge Raummangels etwas verkürzt ist) den Kopf umwendet. Sie alle schreiten, eins hinter dem andern, nach rechts. Den übrigen Raum

[1] Vgl. Notice des principaux monuments exposés au Musée de Gizeh (Cairo 1895) unter Nr. 444: Plaque contenant une écriture inconnue. — Die Angabe der Herkunft verdanke ich Emil Brugsch-Bey. Ich bezeichne das Bruchstück kurz als *K. 444*.

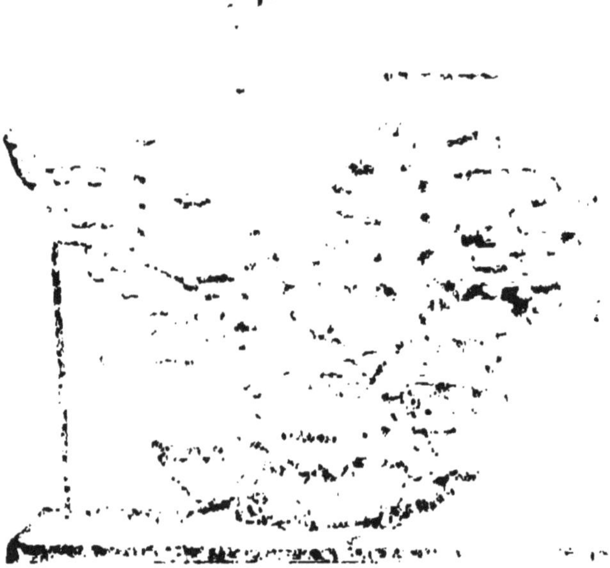

… Art ägyptischer Kunst.

Von

Georg Steindorff.

… Tafel und … im Text.

… und wenig umfangreiche Br… dem engeren Kreise der Fachg… vorlegen möchte, kleine R… das Interesse für sich in An… eigentümlichen Gattung alter… einigen Jahren ein paar P… der sicheren Bestimmung … Schwierigkeiten in den Weg … denen ich mich hier in erster Rei… im Museum zu Kairo (Gizeh) … Ihr Material ist eine A… sonst mehrfach in Ägypten verarb…

… die Lichtdrucktafel, das … abgerundete Ende einer … 21 cm, seine Höhe 19 cm … Stück gehört hat, weiss ich … Flächen sind geglättet und mit F… zeigt zunächst drei Reihen von T… in der mittleren vier Es… der letzte dessen Körper … den Kopf umwendet. Sie … nach rechts. Den übrigen R…

… exposés au Musée de Gizeh (Cairo … [illegible] inconnue. — Die Angabe der He… [illegible] das Bruchstück kurz als *K.* …

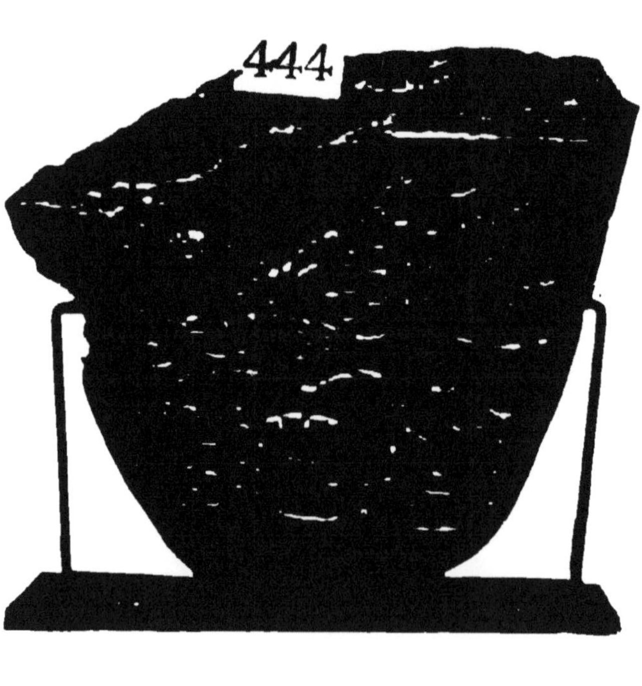
444

der Seite nimmt eine Art Landschaft, acht Bäume oder Sträucher, ein; daneben sieht man rechts einen sonderbar gekrümmten Gegenstand, der unten in eine Knolle ausgeht, etwa einen Hirtenstab, der in einen Erdhaufen gesteckt ist. — Weit merkwürdiger sind die Bilder der *Rückseite*. In einer oberen Reihe waren wohl schreitende Männer dargestellt, von denen aber nur noch drei Füsse erhalten sind, so dass sich über den Gegenstand dieses Teils des Reliefs nichts näheres sagen lässt. Darunter sieht man sieben viereckige Mauerringe, die mit Zinnen versehen sind und ohne weiteres an die bekannten ägyptischen Mauerringe erinnern. Jeder enthält ausser mehreren unregelmässig geordneten, kleinen Vierecken ein oder mehrere Zeichen von konkreten Gegenständen und zwar in der *oberen Reihe* 1. Ring: Käfer (freilich mit nur 4 Beinen!) oder Frosch und Rest eines , sowie vier Vierecke; 2. Ring: zwei mit einander ringende nackte, bärtige Männer; 3. Ring: stelzbeiniger Wasservogel und sieben Vierecke; 4. Ring: eine Eule und acht Vierecke; — in der *unteren Reihe* 5. Ring: eine Pflanze; 6. Ring: eine Matte (?), vielleicht auch ein Haus; 7. Ring: ein Zeichen, das zwei in die Höhe gestreckte Arme vorstellen soll; ausserdem in jedem der drei letzten Ringe drei Vierecke. Auf den Ringen selbst stehen Tiere, die Hacken der Form halten, von denen aber leider nur die von vier Ringen erhalten sind. Man sieht einen Sperber, ferner zwei Gestelle, auf deren jedem ein Sperber steht, einen Skorpion und einen Löwen. Fragt man nun nach der Bedeutung dieser eigentümlichen Bilder, so kann man aus der Gleichartigkeit mit ägyptischen Darstellungen[1] wohl mit ziemlicher Gewissheit folgern, dass die Ringe Städte oder Stadtbezirke bezeichnen und dass die eingeschlossenen Bilder Hieroglyphen sind, die die Namen dieser Örtlichkeiten ausdrücken. Die auf den Ringen stehenden Figuren wird man entweder als heilige Tiere von Göttern und somit als Repräsentanten dieser Gottheiten selbst oder vielleicht auch als die Wappenbilder von Städten oder Landschaften aufzufassen haben, die mit ihren Hacken die Mauern der unter ihnen befindlichen Städte zu zerstören suchen. Für beide Auffassungen finden sich in den ägyptischen Denkmälern zahlreiche Analogieen. Schwerer sind die in den Ringen eingeschlossenen Vierecke zu erklären; am ehesten möchte ich sie für Steine halten, die von der

[1] Vgl. den Dorfnamen, Petrie, Medum Taf. XIV, sowie die Städtenamen auf dem Denkstein Wesertesen's I. in Florenz, Maspero, Hist. anc. de l'Orient class. I 485; Mariette, Karnak pl. XIX; Lepsius, Denkm. III 76 u. ö. Zu beachten ist auch der Name der Göttin der thebanischen Nokropole Mar. Karn. pl. 11.

Mauer herabgefallen sind und die die Zerstörung der betreffenden Stadt kennzeichnen sollen; unwahrscheinlicher ist die Annahme, dass es Zahlzeichen sind, die die in dem Bezirke eroberten Ortschaften angeben oder ähnliches. Das Ganze darf wohl für die symbolische Darstellung der Eroberung verschiedener Städte durch die dem Könige ergebenen göttlichen oder irdischen Hilfskräfte gelten, also als eine Art Siegesdenkmal, wie es auf den ägyptischen Monumenten, wenn auch in einer etwas abweichenden Allegorie, nicht selten vorkommt[1]. Welche Städte durch die eingeschlossenen Hieroglyphen bezeichnet werden, bleibt unklar. Falls die auf den Ringen stehenden Figuren Götter darstellen sollen, so kann man bei dem Sperber an Horus, bei dem Löwen an Atum, den Schutzgott von Heliopolis, bei dem Skorpion an die Göttin Selket, bei den auf den Stangen befindlichen Sperbern vielleicht an zwei andere Formen des Horus denken. Sollen sie aber die Symbole von Örtlichkeiten sein, so lässt sich nur das [2] als Zeichen des „Westens"[3] leicht erklären, während die anderen uns dunkel bleiben.

Das zweite Bruchstück, ohne Nummer[4], stammt ebenfalls von einer dünnen Platte unbekannter Bestimmung und misst 8 cm Höhe, 10 1/2 cm Breite. Es zeigt nur auf der Vorderseite eine Reliefdarstellung: ein Schiff, dessen eines Ende, wohl das Hinterteil, leider abgebrochen ist; an dem erhaltenen Ende sind die Bretter zusammengebunden, wie wir es z. B. an dem Schiff im Grabe des Rahotep (Petrie, Medum XI) sehen. Der Bord

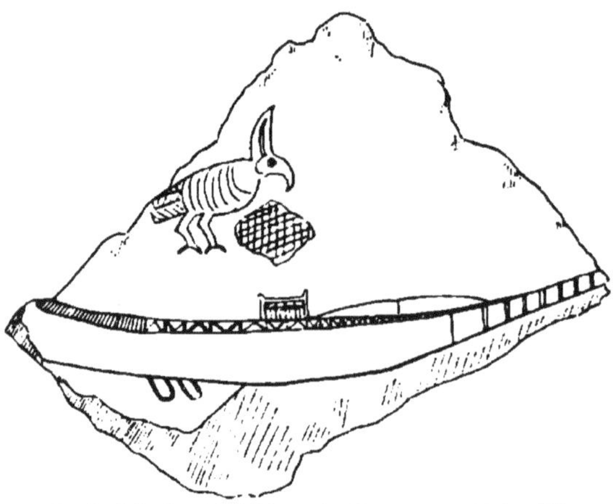

Bruchstück einer Reliefplatte im Museum von Kairo (*K*).

[1] Vgl. Mariette, Karnak pl. XVIII; Lepsius, Denkm. III 252.

[2] Vgl. die altertümliche Form dieses Zeichens, Petrie, Medum pl. XIII.

[3] In späterer Zeit bezeichnet  den libyschen Gau. Oder soll man bei den beiden  an  das Gauzeichen von Koptos, denken?

[4] Kurz als *K.* bezeichnet.

in der Mitte ist mit Stricken befestigt, wie sie sich ebenso auch sonst gerade bei ägyptischen Schiffen  finden[1]. Auf der Barke steht ein kleiner, viereckiger Sarg, ohne Deckel, der mit dem auf ägyp-

A

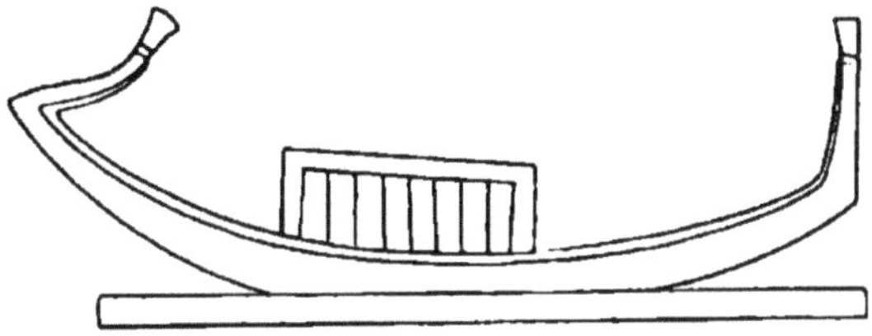

B

tischen Särgen der ältesten Zeit häufigen Thürenmuster verziert ist; vgl. die Hieroglyphe A[2]. Es ist übrigens auch möglich, dass unser „Sarg" vielmehr eine kleine Kajüte sein soll, wie wir sie z. B. auf der Hieroglyphe B (Leps. Denkm. II 18, auf der Thürtrommel) oder C (ebenda, rechts) sehen. Was der längliche, gewölbte Gegenstand daneben bedeutet, ist mir nicht recht klar; etwa eine Lagerstätte für den

C

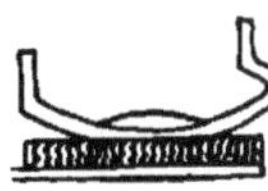

D

Schiffer? Jedenfalls ist es wohl dasselbe, was auch auf den alten Schiffsbildern in der Hieroglyphenschrift D (Petrie, Medum IX. XII) vorkommt. Die abgerundeten Stücke, die links unter dem Schiffe hervorsehen, sollen wohl die Blätter der Ruder sein. Über dem Schiffe selbst sind nun noch zwei Zeichen angebracht: ein schraffiertes unregelmässiges Viereck und ein Vogel mit hohem Federschopfe und scharf gebogenem Schnabel, der dem 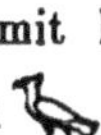 der Hieroglyphenschrift nicht unähnlich sieht. Beides sind wohl Hieroglyphen, die etwa den Namen des darunter abgebildeten Schiffes ausdrücken sollen[3].

Derselben Kunstgattung, wie die hier zum erstenmale veröffentlichten Fragmente gehören nun mehrere, schon seit einiger Zeit bekannte Bruchstücke an, die gleichfalls aus Ägypten, wahrscheinlich

[1] Vgl. Lepsius Denkm. II 96. 130.

[2] Die Hieroglyphe in dieser altertümlichen Form z. B. Lepsius, Denkm. II 18. Ein derartiges Transportschiff mit Sarg, wie wir es hier haben, findet sich Leps. Denkm. II 76 e (Erman, Ägypten 643) abgebildet.

[3] Vgl. den Schiffsnamen Leps. Denkm. II 18 ff. Man könnte auch an den Titel denken.

sogar auch aus Abydos, stammen und vermutlich zusammen mit den unseren gefunden worden sind. Da ihre genaue Kenntnis zur richtigen Auffassung unserer Stücke unumgänglich notwendig ist, und sie bei der Würdigung dieser neuen Kunstart stets zum Vergleich herangezogen werden müssen, so habe ich die bereits in Abbildungen vorliegenden Fragmente noch einmal abbilden lassen und will sie alle, da auch meine Auffassung der dargestellten Gegenstände von der der ersten Herausgeber etwas abweicht, hier nochmals kurz beschreiben.

Das Hauptstück ist ein **Teller** aus grünem Schiefer, von dem zwei, wahrscheinlich sogar drei Bruchstücke erhalten sind, so dass er fast vollständig vorliegt. Er scheint rechteckig mit abgerundeten Ecken zu sein und hat in der Mitte eine flache, ovale Vertiefung. Sein Rand ist mit Reliefs bedeckt, die eine Jagd darstellen und deren Stil dem von *K 444* und *K* nahe verwandt, wenn auch nicht völlig gleich ist.

Den einen *Schmalrand*[1] nimmt eine Reihe von sieben Jägern oder besser Soldaten ein[2], die nach rechts hin marschieren. Sie sind mit

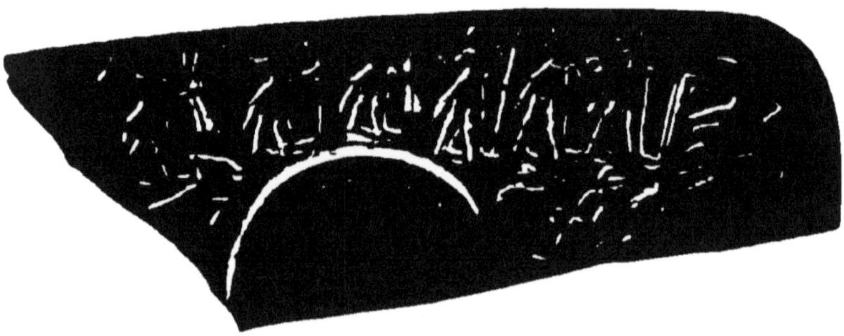

Bruchstück eines Tellers aus grünem Schiefer (veröffentlicht Rev. arch. 1890).

einem kurzen, langgestreiften Schurze bekleidet, der um die Hüften geschlungen ist und von einem geflochtenen Gürtel zusammengehalten wird; an ihm ist hinten der Balg mit dem Schwanze eines Tieres — wie Maspero meint[3], eines Schakals — zum Schmucke befestigt. Das bis auf die Schultern reichende Haar ist in kurzen Locken frisiert, die schematisch als mehrere Reihen von kleinen Rechtecken wiedergegeben sind, und mit einer geschwungenen Feder geschmückt. Ein schmaler

[1] Vgl. das von Heuzey vorzüglich veröffentlichte Bruchstück, Revue archéologique 1890 pl. IV. V. und p. 145 ff., 334 ff; hier kurz als *RA* bezeichnet. Es befindet sich im Louvre.

[2] Von dem siebenten ganz links sind nur unbedeutende Reste vorhanden.

[3] Revue arch. 1890, 335.

Backenbart, der in einen langen Kinnbart ausläuft, umrahmt das Gesicht; die Oberlippe ist glatt rasiert. Sehr mannigfaltig ist die Bewaffnung der Krieger; sie führen Lanze, Wurfholz, die aus Ägypten und auch aus Babylonien[1] bekannte Keule mit ovalem Kopf, meist aber den charakteristischen doppeltgekrümmten Bogen und Pfeile, die vorn mit einer dreieckigen, gewiss aus Feuerstein gefertigten Schneide versehen sind. Besondere Beachtung verdienen die beiden Feldzeichen, die von zwei der Krieger getragen werden; in dem einen, einem auf einer mit Feder und flatternden Bändern geschmückten Stange stehenden Sperber, wird man unschwer das Zeichen , das sich auch auf *K 444* findet, wiedererkennen; das andere hat die Form einer Lanze, an deren Schaft ein Querholz mit zwei Spitzen befestigt und die mit einem Bande verziert ist. Während jenes das ägyptische Zeichen für „Westen" ist, entspricht dieses der Hieroglyphe „Osten", und mit Recht hat schon Maspero darauf hingewiesen, dass die diesen Standarten folgenden Krieger zu den Kontingenten des „westlich" und „östlich" vom Nil liegenden Landesteils gehören. Links ist noch ein Steinbock, der, vielleicht von einem Pfeile getroffen, zu Boden gefallen ist, rechts ein Hase dargestellt.

Gehen wir nun zur Betrachtung des *rechten Tellerrandes* über, so erscheint (noch auf *RA*) in der Ecke ein Krieger in der schon geschilderten Tracht, der im Begriff ist, einen Pfeil abzuschiessen. Um seine Schultern hängt eine Tasche, die man wohl mit Unrecht für einen Köcher gehalten hat. Neben ihm sieht man einen zweiten, nach rechts laufenden (?) Krieger, der mit Bogen und Keule bewaffnet ist und im Gegensatz zu den anderen zwei Federn statt einer auf dem Kopfe trägt. Ob ihn dieser Schmuck als Häuptling kennzeichnen soll, bleibe dahingestellt. Von grosser Lebendigkeit ist die folgende Darstellung[2]: ein Löwe, dessen Kopf der schon erwähnte Bogenschütze mit zwei Pfeilen durchbohrt hat, und eine Löwin stürzen sich wütend auf einen Krieger, der einen Bogen und eine andere Waffe hält. Von zwei anderen Kriegern trägt der eine die bekannte Standarte und

[1] Vgl. Sarzec, Découvertes en Chaldée pl. 4 bis.

[2] Auf einem Bruchstück desselben Tellers im British Museum, Br. M. Nr. 20790, das Budge in der Classical Review 1890, S. 323 ohne Abbildung besprochen hat. Ich habe dieses, sowie die weiter unten zu behandelnden Fragmente des British Museum zweimal — 1893 und 1895 — gesehen, habe sie aber, da Herr Budge nicht nur das Photographieren, sondern auch die Anfertigung von Bleistiftskizzen u. s. w. untersagt hat, nur noch unklar im Gedächtnis. Ich muss mich daher auf die Wiedergabe der Budge'schen Beschreibungen beschränken.

eine Axt mit zwei Klingen, während um seine Schultern eine Tasche (s. o.) hängt; der zweite zieht eine Gazelle, die er mit dem Lasso gefangen hat[1]. Neben ihnen läuft ein Hund oder Schakal. Ausserdem ist hier noch ein Haus mit gewölbtem Dache und zwei Türmen, sowie ein fabelhafter Stier mit zwei Köpfen dargestellt, von denen der eine nach links, der andere nach rechts gewandt ist.

Zu diesem Teller gehört nun nach Budge's Vermutung noch ein anderes Bruchstück im British Museum[2], das gleichfalls Reliefbilder von Kriegern in der geschilderten Tracht, sowie von Wüstentieren aufweist. Von vier Kriegern hält der erste einen Strick, mit dem vielleicht die genannte Gazelle eingefangen worden ist; der zweite ist mit Speer und Wurfholz, der dritte mit Bogen und einer Doppelaxt, der vierte mit zwei Speeren und dem Wurfholz bewaffnet. Unter ihnen erblickt man einen Steinbock, einen Strauss, einen Hirsch und einen Schakal, dessen Schwanz genau dem am Schurze der Krieger gleicht. Auf dem spitz zulaufenden Ende dieses Bruchstückes ist ein verwundeter Löwe dargestellt, der vor Schmerz mit dem Schweife um sich schlägt; fünf Pfeile haben seinen Kopf getroffen, während ein sechster in den Oberschenkel gedrungen ist. Endlich erscheinen noch drei Krieger, in gleicher Tracht und Bewaffnung wie die übrigen, eine Tasche um die Schultern gehängt. Sowohl auf *RA* als auch, wie ich vermute, auf den beiden Londoner Stücken waren die Augen der Männer und Tiere, selbst bei den Sperbern auf den Standarten, besonders, wohl aus kleinen Steinstückchen eingesetzt; doch sind sie jetzt herausgefallen, so dass an ihrer Stelle überall kleine runde Löcher zu sehen sind.

Von den bisher beschriebenen Fragmenten ist das folgende stilistisch vielfach verschieden, wenn es auch nach Fundort und Material, Darstellungen und den allgemeinen Stileigentümlichkeiten unbedingt derselben Denkmälerklasse zuzuweisen ist. Es ist dies eine jetzt im Louvre befindliche, von Heuzey als „Un prototype de taureaux de Tirynthe et d'Amyclées" herausgegebene und abgebildete Platte[3] aus grünem Schiefer, die auf beiden Seiten mit Reliefs bedeckt ist. Sie ist jetzt in der Mitte durchgespalten, so dass jede Reliefseite ein besonderes Stück bildet. Auf dem einen[4] sehen wir oben einen Stier, der über einen

---

[1] Zu dieser Gazelle gehören vielleicht die beiden Beine, die auf dem Bruchstück *RA* rechts zu setzen sind.

[2] Br. M. 20792; Classical Review 1890, S. 323; vgl. S. 127, Anm. 2.

[3] Bulletin de Correspondance Hellénique 1892, p. 307 ff. und pl. I. Kurz als *Bul.* bezeichnet.

[4] a. a. O. pl. I rechte Hälfte.

am Boden liegendem Manne steht und ihn mit den Hörnern zu spiessen sucht. Die Arme des Mannes sind ausgestreckt, ebenso das linke Bein, während der Stier auf das rechte, in knieender Stellung befindliche

Bruchstücke einer Reliefplatte (veröffentlicht Bulletin Corresp. hellén. XVI, 1892).

seinen Fuss setzt. Der Mann ist fast völlig nackt; nur um die Lenden ist ein schmaler Gürtel (Strick?) gebunden, unter dem der, wie es scheint, beschnittene Phallus hervorsieht. Das aus krausen Löckchen bestehende Haar reicht bis auf den Nacken; die Bartfrisur ist dieselbe wie bei den Kriegern von *K 444*, *K.* u. s. w. Die Nase ist stark und springt kräftig unter der Stirn hervor, ohne aber geradezu „semitischen" Typus zu zeigen. — Unter dieser Scene sind fünf Standarten mit Götterbildern dargestellt, wie wir sie ähnlich schon als Feldzeichen der Krieger kennen gelernt haben und wie sie in Ägypten bei den Prozessionen getragen worden sind. Sie sind am oberen Ende mannigfach gestaltet und mit Bändern oder Federn geschmückt. Die beiden ersten tragen jede das Bild eines Wüstenwolfs, des heiligen Tieres des Gottes Wep-wat, die dritte einen Ibis, der bekanntlich dem Gotte Thout zugehörte; auf der vierten, mit der man die Standarte  auf *RA* vergleichen möge, steht ein Sperber, das heilige Tier des Horus; auf der fünften endlich ist das Zeichen des Gottes Min befestigt und zwar in der eigentümlichen Form unmittelbar auf der Stange, wie auch auf

den uralten, wahrscheinlich vorgeschichtlichen Statuen, die Petrie in Koptos gefunden hat[1]. Alle diese Standarten gehen nach unten zu in Hände aus, die einen gedrehten Strick halten. Dass es sich hier um eine Allegorie handelt, leuchtet ohne Weiteres ein: die Standarten mit ihren Götterbildern stellen offenbar ägyptische Gottheiten dar und zwar die beiden Formen des Gottes Wep-wat, den nördlichen und südlichen, die anderen Thout, Horus und Min (Pan); sie sind wohl als Helfer des Königs gedacht, die an ihrem Stricke vielleicht besiegte Feinde oder Repräsentanten gefesselter Städte festhalten[2]. Es ist nun gewiss kein Zufall, dass auch auf den ägyptischen Denkmälern gerade diese Götterbilder (mit Ausnahme des Min) vor dem Könige einhergetragen wurden[3], um dem Herrscher Schutz zu gewähren, dass also auch dort die Gottheiten Wep-wat, Thout, Horus als besondere Hülfskräfte des Pharao gelten, gerade so wie auf unserem Denkmale. — Von zwei Männern, die noch auf dieser Seite abgebildet waren, sind leider nur geringe Reste vorhanden. Der eine scheint am Boden zu liegen und vielleicht an dem von den Götterstandarten gehaltenen Stricke gefesselt zu sein; sein linker Arm ist nach oben gestreckt, der rechte fehlt. Wie der unter dem Stier liegende trägt auch er Backen- und wohl auch Kinnbart, sowie eine Frisur von krausen Löckchen, die aber kürzer als bei jenem geschnitten ist. Auch der Gesichtstypus weicht von dem des anderen etwas ab. Von dem zweiten Manne ist nur ein Bein erhalten.

Die zweite Hälfte der Platte[4] zeigt oben zunächst die der schon geschilderten bis ins kleinste entsprechende Darstellung eines Stiers, der einen Mann niedertritt. Darunter finden sich zwei Städteringe mit Zinnen, ganz ähnlich den auf *K 444* abgebildeten. Der obere umschliesst zwei Hieroglyphen, einen Löwen und ein Gefäss, die gewiss den Namen der Stadt nennen. Von den Zeichen des zweiten Rings ist nur ein Vogel, der an den  der Hieroglyphenschrift erinnert, erhalten geblieben.

[1] Vgl. Petrie, Koptos III. IV.

[2] Heuzey, der in der ganzen Darstellung wieder ein Jagdbild sieht, meint, dass die Standarten Truppenabteilungen repräsentieren sollen, die unter dem Schutze der verschiedenen Gottheiten stehen, und dass sie bei der königlichen Jagd das Netz halten, mit dem das Revier abgesperrt ist. Ich vermag in unserer Darstellung keine Gründe für die Annahme einer Jagd zu erkennen und kenne auch für Heuzey's Auffassung der Standarten keine treffenden Analogien.

[3] Vgl. Leps. Denkm. III 36. 48. 51. 83 u. ö.; Morgan, Ombos I S. 66.

[4] Bull. Corr. Hellén. pl. I linke Hälfte.

Will man nun versuchen, aus den erhaltenen Resten dieser Platte auf den Charakter des ganzen Denkmals zu schliessen, so scheint es mir am wahrscheinlichsten, dass die Reliefs die Siege eines Königs verherrlichen sollen. Für eine solche Auffassung sprechen sowohl die Götterbilder, die vermutlich gefesselte Feinde halten, als auch die Stadtringe als Repräsentanten eroberter Ortschaften. Die Gruppe des Stiers, der seinen Gegner niederwirft, zeigt durch ihre zweimalige schematische Wiederholung, dass sie nicht einen zufälligen einmaligen Vorgang darstellt, sondern dass in ihr vielmehr ein bestimmter, fest geprägter Typus vorliegt. Sie erinnert als solcher an den auf ägyptischen Reliefs (z. B. auf Schiffen) häufig dargestellten „starken Stier", das Abbild des Königs, der seine Feinde zertritt[1]. Auch hier ist wohl in dem über dem Gegner stehenden Stiere eine symbolische Darstellung des über seine Feinde triumphierenden Herrschers zu sehen, wie sie sehr wohl in den Rahmen eines Siegesdenkmals passt.

Derselben Gattung von Reliefs gehört nun endlich noch ein gleichfalls im British Museum befindliches Bruchstück[2] einer dünnen Schieferplatte an, die beiderseits mit Darstellungen (im Flachrelief) geschmückt war. Ob es stilistisch sich mehr an das zuletzt behandelte Stück *Bul.* oder an die erst erwähnten Fragmente anschliesst, kann ich leider aus dem Gedächtnis nicht mehr feststellen. Doch möchte ich es dem Gegenstande der Darstellung zufolge lieber zu dem „Siegesdenkmal" *Bul.* stellen. Es zeigt eine Scene nach der Schlacht. Mehrere nackte Krieger, mit wolligem Haar und Bärten (also wie auf *Bul.*) liegen tot oder sterbend am Boden; einem von ihnen sind die Arme hinten zusammengebunden. Ein Löwe hat sich auf einen der Toten gestürzt und sucht ihm den Leib zu zerfleischen. Unten sieht man Geier und Raben, die die Augen der Toten aushacken und die Leichen fressen. Oben rechts sind noch die Unterkörper zweier Männer erhalten, eines Führers und eines Gefangenen, dessen Arme auf dem Rücken zusammengebunden sind und der einen schweren Stein oder ein Bleigewicht am

[1] z. B. Leps. Denkm. III 17 a; Egypt Explor. Fund, Archaeological Report 1895—1896, Tafel. — Ich verdanke den Hinweis auf diese wichtige Parallele meinem Freunde H. Schäfer.

[2] Br. M. 20791; Classical Review 1890, S. 323; vgl. S. 127, Anm. 2.

Nacken trägt. Von grossem Interesse ist auch die Darstellung auf der Rückseite: Zwei Giraffen, die von einer Palme fressen[1].

Die nahe liegende Frage, welcher Art der uns bekannten altorientalischen Kunstgattungen unsere Denkmäler zuzuschreiben sind, und die sich daran knüpfende, in welche Zeit wir ihre Entstehung zu setzen haben, muss noch als unbeantwortet gelten. Wenigstens sind die bisherigen Bearbeiter, soweit sie sich ernsthaft um die Lösung bemüht haben[2], zu keinem befriedigenden Ergebnisse gelangt. Heuzey, dem das grosse Verdienst gebührt, zuerst den hohen kunstgeschichtlichen Wert dieser Denkmäler erkannt zu haben, hält sie für asiatisch, bestimmter ausgedrückt, für syrisch und meint, dass sie von Künstlern geschaffen seien, die sowohl ägyptischen, als auch babylonisch-assyrischen Einflüssen unterworfen waren. Als Geschenke oder als Kriegsbeute seien sie nach Ägypten gebracht worden und auf dem Handelswege auch nach Griechenland gekommen, wo sie auf die Produktion der mykenischen Künstler, wie die Goldbecher von Vaphio erwiesen, tiefgehend eingewirkt hätten. Maspero[3] dagegen neigt, durch die zahlreichen ägyptischen Anklänge veranlasst, der Ansicht zu, dass sie „libyschen" Ursprungs seien, Kunsterzeugnisse libyscher Stämme, die als Nachbarn der Ägypter nicht nur politisch unter ägyptischer Oberhoheit gestanden hätten, sondern auch künstlerisch von den hochkultivierten Bewohnern des Nilthals abhängig gewesen seien. Als Entstehungszeit denkt er sich den Anfang des ersten vorchristlichen Jahrtausends, also die Periode, in der die libyschen Söldner und die Könige libyscher Herkunft (Scheschonk und seine Nachfolger) in Ägypten dominiert haben.

Ohne auf diese hypothetischen Ansichten zunächst näher einzugehen, wollen wir versuchen, die hierher gehörigen Skulpturen, soweit sie in Abbildungen vorliegen, näher zu prüfen und zu einem selbstständigen Urteil über die Art ihrer Kunst zu gelangen. Zunächst ist festzustellen, dass, wie schon bei der Beschreibung der einzelnen Stücke hervorgehoben worden ist, eine grosse Anzahl der dargestellten Gegenstände ohne Weiteres auf ägyptischen Ursprung hinweist. Dagegen

[1] Ein ähnliches Motiv auf einem nubischen Prachtgefäss des neuen Reichs (XVIII. Dyn.); Lepsius, Denkm. III 118; Erman, Ägypten 663.

[2] Auf die Ansicht Budge's, der die Reliefs für „mesopotamisch" hält und meint, sie seien als Geschenke mesopotamischer Herrscher an die Könige der XVIII. Dynastie nach Ägypten gekommen, gehe ich nicht näher ein. Von mesopotamischer, d. h. doch wohl babylonischer und assyrischer Kunst ist uns genug erhalten, um zu sehen, dass sie ein ganz anderes Aussehen hatte, als unsere Reliefs.

[3] Revue arch. 1890, 334 ff.; Histoire de l'Orient classique II 767.

weicht der Stil, in dem die Skulpturen gearbeitet sind, von dem der uns bekannten ägyptischen Denkmäler erheblich ab[1]. Er zeigt Eigentümlichkeiten, die in mancher Beziehung z. B. in der übertriebenen Wiedergabe der menschlichen und tierischen Muskulatur, in der Behandlung der Augen, sowie der Stierhörner (auf *K 444*), an babylonisch-assyrische, vielleicht an ältere nordsyrische Skulpturen erinnern, die aber doch so selbständig sind, dass sie durchaus nicht auf Entlehnung zu beruhen brauchen. Freilich scheinen auch gewisse Einzelheiten der Darstellungen, die sich nicht auf ägyptischen Denkmälern finden, z. B. die Geier und Raben, die die Leichen der Getöteten zerfleischen, auf babylonische Vorbilder (Geierstele) hinzuweisen, doch sind auch diese Übereinstimmungen nicht stark genug, um aus ihnen einen babylonischen Einfluss mit Sicherheit folgern zu können. Nimmt man nun mit Heuzey an, dass der hier vertretene Stil sich in Syrien selbständig ausgebildet und ägyptische Elemente in sich aufgenommen und verarbeitet habe, so könnte dies nur zu einer Zeit geschehen sein, zu der Ägyptens politischer und Kultureinfluss in jenen Ländern stark vertreten war. Dies war aber nach unseren historischen Kenntnissen nur im neuen Reiche und in saïtischer Zeit der Fall. Dass nun die syrische oder phönikische Kunst der letztgenannten Periode mit unserer Stilgattung nichts gemein hat, bedarf wohl keines Beweises. Von der syrischen Kunst des 2. Jahrtausends wissen wir zu wenig, um sie mit unseren Reliefs in Verbindung setzen zu können. Nur das scheint mir festzustehen, dass die Bestandteile, die man in der XVIII. oder XIX. Dynastie der ägyptischen Kunst entnommen hätte, ganz andere gewesen wären, als die hier nachweisbaren. Ebenso kann es für sicher gelten, dass die auf *RA* abgebildeten Krieger weder ägyptische Soldaten des neuen Reichs, noch auch Syrer jener Zeit, über deren Tracht und

[1] Nahe verwandt ist ihnen, besonders *K 444*, ein von Petrie (Naqada and Ballas pl. LXXVII und S. 51) veröffentlichter Elfenbeingriff mit Reliefs, die verschiedene Tiere (Gazellen, Steinböcke, Rinder, Vögel u. a. m.) darstellen. Ihr Stil ist nach Petrie „the regular Egyptian style of the Old Kingdom tombs"; sie scheinen mir jedoch altertümlicher zu sein und eher in die Zeit vor der IV. Dynastie zu gehören. — Noch näher steht ihnen eine im Berliner Museum befindliche kleine weisse Platte. (Ägypt. Inv. 13797); diese zeigt Reliefbilder und zwar auf der Vorderseite: ein Rind und einen Widder an einem von Fischen belebten Flusse, darüber ein Hieroglyphenzeichen ; auf der Rückseite: schreitende Widder. Die Platte ist früher irrtümlich als babylonisch angesetzt worden, gehört aber gewiss der ägyptischen Kunst vor dem alten Reiche an. Der Stil der sich drängenden Widder erinnert deutlich an die Darstellung Leps. Denkm. II 9; auch die Troddel am Halse des Rinds entspricht einer rein ägyptischen Sitte. Das nach vorn gerichtete Horn des Rindes erinnert an *K 444*.

Bewaffnung wir durch die ägyptischen Denkmäler zur Genüge unterrichtet sind, sein können. Dazu dürfte man auch sonst nach den genauen Vorbildern unserer Reliefs auf den Monumenten des neuen Reichs vergeblich suchen.

Muss man nun aus diesen Gründen die Annahme, dass die Reliefs einer babylonisch-ägyptischen Mischkunst oder einer ägyptisierenden syrischen Nationalkunst angehören, aufgeben, so tritt die andere Vermutung in den Vordergrund, dass sie im Nilthale selbst ihren Ursprung haben.

Für die Wahrscheinlichkeit einer solchen Annahme spricht abgesehen von dem Fundorte, der, wenn auch „Abydos“ selbst nicht sicher verbürgt ist, doch in Ägypten gesucht werden muss, das Material, das wir wohl am Nil[1], aber weder in Syrien noch am Euphrat-Tigris nachweisen können. Vor allem leiten aber gewisse Bestandteile der Darstellungen, z. B. die Standarten, das Schiff u. a., sowie die selbständige Verwendung hieroglyphischer Schriftzeichen nach Ägypten. Gelingt es nun, mit Hülfe paralleler ägyptischer Denkmäler aus den Darstellungen selbst einen ungefähren Anhalt für ihre Entstehungszeit zu gewinnen, so ist für die Bestimmung der neuen Kunstgattung schon viel erreicht.

Nehmen wir zunächst die Tracht der Krieger (auf *RA*), so ist der einfache Schurz und der Federputz auf dem Kopfe genau derselbe, den wir bei den Soldaten, insbesondere bei den Bogenschützen des alten Reichs finden, die uns in den Hieroglyphenbildern entgegentreten[2], und der sich auch noch im mittleren Reiche nachweisen lässt[3]. Hingegen vermissen wir auf diesen ägyptischen Darstellungen den eigentümlichen Schwänz[4], der unsere Krieger

[1] Es ist derselbe Schiefer, der auch von der „New Race“ Petrie's zu den sogenannten Schminkplatten verarbeitet worden ist. Vgl. Petrie, Naqada and Ballas.

[2] Vgl. z. B. Lepsius, Denkm. II 19. 20. 21; Petrie, Medum pl. IX. Die obige Zeichnung des Kriegers ist nach dem Original (Grab des Mr-jb im Berliner Museum) gefertigt; ob er einen Bart hat, lässt sich bei dem Zustand des Reliefs nicht sagen. — Auf den alten Abbildungen, besonders in den Hieroglyphenzeichen sind die Soldaten stets Ägypter und nicht, wie M. Müller (Asien und Europa S. 3) vermutet, fremden Stammes. Allerdings findet sich die Feder auf dem Kopfe auch bei den Negern; doch folgt hieraus nur, dass dieses Abzeichen in alter Zeit ein allgemein afrikanisches gewesen ist.

[3] Doch ist im mittleren Reiche die Ausrüstung schon komplicirter; s. Erman, Ägypten 691.

[4] In dem Soldatenbilde Leps. Denkm. II 115h (Mittleres Reich) hängt hinten

so eigentümlich kennzeichnet. Dieses Abzeichen findet sich auf den uns bekannten ägyptischen Denkmälern nur noch beim Königsornat, bei dem es, wie man längst vermutet hat, das Überbleibsel aus einer vorgeschichtlichen Periode ist, in der sich nicht nur der König, sondern wahrscheinlich allgemein jeder Krieger durch diesen Schmuck vom übrigen Volke unterschied[1]. Wenn nun auf unserem Relief alle Krieger dieses Abzeichen tragen, so folgt daraus, dass wir es hier mit einer uralten Darstellung zu thun haben, die noch jene, in historischer Zeit fast vergessene Tracht zur Anschauung bringt. Ähnlich verhält es sich mit der Haar- und Bartfrisur unserer Soldaten. Ob diese noch in historischer Zeit in Ägypten in Mode gewesen ist, lässt sich schwer sagen, da sich nicht feststellen lässt, ob die Frisuren und Bärte, die die Soldaten des alten Reichs trugen (s. S. 134, Anm. 2), natürliche oder künstliche sind. Jedenfalls ist sie aber in vorgeschichtlicher Zeit allgemein in Gebrauch gewesen, wie die spätere Tracht der künstlichen Kinn- und Backenbärte und der Löckchenperrücken, sowie der Gebrauch der Kopfstützen, der ja nur bei einer natürlichen Frisur einen Sinn hat, deutlich erkennen lässt.

Auch die mangelhafte Bekleidung der unter den Stieren liegenden Männer (auf der Platte *Bul.*), der Lendengürtel mit dem vorn herabhängenden Bande, gleicht genau jener primitiven Tracht, die die Ägypter einst in der Urzeit getragen haben müssen und in der in historischer Zeit nur noch der König erscheint[2]. Ferner zeigt die Standarte des Gottes Min nicht die von den Denkmälern bekannte Gestalt, sondern jene eigentümliche Form, die sich auf den Statuen von Koptos findet (s. S. 130) — und diese sind von Petrie mit grösster Wahrscheinlichkeit in die vorgeschichtliche Zeit gesetzt worden. Auch die übrigen Standarten weisen so charakteristische, in späterer Zeit nicht mehr geläufige Eigentümlichkeiten in Gestalt der Bänder, Federn, der Gestelle, auf denen die Figuren stehen, auf, dass wir sie unbedenklich als sehr altertümlich bezeichnen können.

Von den Waffen der Krieger werden zwar die Pfeile mit der dreieckigen Feuersteinspitze noch im mittleren Reiche, der doppeltgekrümmte Bogen 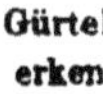 sogar noch im neuen Reiche gebraucht[3], auch das Wurf-

an dem Gürtel ein langes Stück, in dem M. Müller (Asien und Europa, S. 3, Anm. 1) ein Fell erkennen will. Doch scheint es mir eher das etwas lang geratene Ende des Knoten zu sein, mit dem der Gürtel hinten zusammen gebunden war.

[1] Erman, Ägypten 94.

[2] Erman, Ägypten 310.

[3] Der doppeltgekrümmte Bogen und die Pfeile sind die charakteristische Bewaffnung der Krieger des alten Reichs; vgl. das Bild des Kriegers S. 134. Die Verdickungen

holz ist wenigstens bei der Vogeljagd noch in dieser Zeit benutzt worden[1]. Dagegen ist die Keule mit dem runden Steine in geschichtlicher Zeit wohl nicht mehr im Kampfe oder auf der Jagd zur Verwendung gekommen, sondern erscheint nur noch als altertümliche, aus der Vorzeit überlieferte Waffe[2]. Wenn wir sie also auf unseren Reliefs noch in der Hand von Soldaten, die auf die Jagd ziehen, finden, so werden wir diese Darstellungen füglich in eine sehr alte Zeit setzen müssen. Auch dass das Wurfholz noch bei der Jagd auf wilde Tiere (nicht auf Vögel) von den Jägern gebraucht werden sollte, lässt an ein hohes Altertum denken. Ebendahin führt uns auch das noch wohlverstandene Thürenornament des Sarges (oder was der Gegenstand auf *K* sonst sein mag), das in dieser Form im alten Reiche und, nach den Hieroglyphen zu urteilen, auch in vorgeschichtlicher Zeit im Gebrauch war, aber schon im mittleren Reiche nicht mehr ganz verstanden wurde[3].

Vergleicht man nun weiter das auf *K* dargestellte Schiff mit ägyptischen Fahrzeugen, so zeigt es in der Art der Befestigung des Bords und in den am Ende zusammengebundenen Brettern technische Eigentümlichkeiten, die im alten und mittleren Reiche vielfach vorkommen. Einen festeren Anhalt zur zeitlichen Bestimmung bietet dagegen der längliche, gewölbte Gegenstand, den wir mit Sicherheit nicht deuten können. Dieser lässt sich nur in uralten Hieroglyphenbildern (s. o.) nachweisen, die einen in historischer Zeit nicht mehr gebräuchlichen Schiffstypus darstellen; wir werden daher kaum fehlgehen, wenn wir auch unser Schiff, auf dem sich dieser Gegenstand findet, in eine vor dem alten Reiche gelegene Zeit verweisen.

Auf die Übereinstimmung der Stiergruppe (*Bul.*) mit dem ägyptischen Stier, der seine Gegner niedergeworfen hat, ist schon hingewiesen worden. Die ägyptische Darstellung ist uns nun zwar in der Kunst erst aus der Zeit des neuen Reichs bekannt; aber die Vorstellung, dass der König ein „starker Stier“ sei, der seine Feinde

an den Pfeilen, die er in der Hand hält, stellen, wie mir Schäfer sagt, nicht die dreieckigen Spitzen, sondern wohl die Federn vor.

[1] Erman, Ägypten 323.

[2] So in den Sargbildern des mittleren Reichs; Steindorff, Grabfunde des mittleren Reichs I. S. 18, Nr. 8. Vgl. auch die altertümliche Form der Hieroglyphe  in Petrie's Medum pl. XII. XV, in der der Arm eine solche Keule mit rundem Knopf als Waffe hält.

[3] Die Gestalt der Hacke auf *K 444* kann für die chronologische Bestimmung nicht herangezogen werden, da sie von Alters her zu allen Zeiten in Ägypten gebräuchlich gewesen ist.

niedertritt, ist eine sehr alte, dem Ägypter geläufige[1], und es ist gewiss auch der Typus der Darstellung schon in der Vorzeit entstanden. Die unter den Stieren auf *Bul.* liegenden beiden Feinde sind nämlich nicht die Neger oder Asiaten, die in historischer Zeit als die Hauptgegner der Pharaonen auftreten und als solche auch in der Kunst gezeichnet werden[2]; sie zeigen vielmehr dieselben Züge (nur die Kleidung ist etwas verschieden), wie die Krieger auf *RA*; sie alle sind Leute desselben Volks, Sieger und Besiegte sind, wie ich vermute, Ägypter. Wir werden also hier in jene dunkle Periode geführt, in der das Nilthal noch keinen einheitlichen Staat bildete, sondern Ober- und Unterägypten sich im Kampfe gegenüberstanden, und ein Ägypter noch als Feind eines Ägypters gelten konnte. Dadurch gewinnen wir einen neuen, gewichtigen Beweis, dass die Reliefs der vorgeschichtlichen Zeit zuzuweisen sind.

Auch die reihenweise Anordnung der Tiere, die uns auf *K 444* entgegentritt, entspricht einer Gepflogenheit der altägyptischen Kunst, und die Darstellung des den Kopf umdrehenden Widders ist ein Künstlerwitz, dem wir im alten Reiche vielfach begegnen.

Endlich sei auch noch auf einen Punkt hingewiesen, dem gegenwärtig noch wenig Gewicht beizumessen ist, der vielleicht aber bei künftiger Untersuchung an Bedeutung gewinnen dürfte. Ich meine die auffallende Ähnlichkeit unserer Platten nach Material und Bearbeitung mit den von Petrie bei Negâda (Naqada) gefundenen „Schminkplatten," die freilich keinerlei Darstellung zeigen. Auch die ebenda zu Tage geförderten menschlichen Figuren mit ihren Backen- und Kinnbärten und den eingesetzten Augen[3] erinnern trotz ihrer Rohheit etwas an die auf unseren Platten dargestellten Männer. Die Gräber, in denen diese Steine gefunden worden sind, hat Petrie einer „New Race", einem unbekannten Volke, vielleicht Libyern, zugeschrieben und sie chronologisch in die Zeit des frühen mittleren Reichs gesetzt. Neuerdings hat nun Morgan in Abydos ähnliche Gräber gefunden und die aus ihnen zu Tage geförderten Gegenstände für ägyptisch erklärt und

[1] Erman, Ägypten 579.

[2] In der Darstellung Leps. Denkm. III 17a sind die Köpfe der vom Stier zertrampelten Feinde ergänzt, wie ein Vergleich mit der nach dem Original gezeichneten Abbildung S. 131 zeigt. Vermutlich sind die Feinde als Neger und Asiat zu ergänzen. — Die Köpfe der Feinde auf der Darstellung im Archaeological Report des Egypt Explor. Fund 1895—96 (Tafel) sind undeutlich wiedergegeben; die Feder auf dem Kopfe des einen macht es wahrscheinlich, dass in ihm der Neger zu sehen ist, dann würde der andere ein Asiat sein müssen.

[3] Petrie, Naqada and Ballas pl. LIX.

in die vorgeschichtliche Zeit verwiesen. Sollte sich diese Annahme, für die auch sonst mancherlei spricht, bestätigen und sich gegen Petrie's Ansetzung behaupten, so wäre vielleicht auch für die chronologische Bestimmung unserer Platten ein neuer Anhaltspunkt gewonnen.

Zunächst sprechen alle Parallelen, die sich aus den ägyptischen Denkmälern finden lassen, dafür, dass unsere Reliefs einer sehr alten, wahrscheinlich vorgeschichtlichen Periode angehören, jener historisch dunkeln Zeit, in der Ägypten noch nicht zu einem Staate verbunden war. Auch unter den sonstigen, auf den Reliefs dargestellten Gegenständen, für die sich keine direkten chronologischen Beziehungen oder Übereinstimmungen mit ägyptischen Monumenten nachweisen lassen, findet sich nichts, was einer solchen Ansetzung widerspräche. Die Scene, Giraffen von einer Palme fressend, die Wüstenjagd und das Kampfbild[1] können sehr wohl in uralter Zeit geschaffen sein und derselben Periode wie die übrigen Darstellungen angehören[2]. Selbst die zunächst etwas fremd wirkende Landschaft (*K 444*) wäre auf einem uralten Relief möglich; man bedenke nur, wie realistisch die Ägypter noch ums Ende der III. Dynastie Bäume in der Hieroglyphenschrift, z. B. im Amten-Grabe, zu zeichnen verstanden.

Es erhebt sich nunmehr die Frage, wie sich die stilistischen Eigentümlichkeiten unserer Denkmäler zu einer derartigen Annahme einer Entstehung in vorgeschichtlicher Zeit verhalten. Es ist eine bekannte Thatsache und oft genug wiederholt worden, dass die ältesten ägyptischen Skulpturen, sowohl Statuen, als auch Reliefs, die uns zuerst in der III. Dynastie begegnen, zwar noch etwas Altertümliches an sich haben, aber doch schon unter denselben stilistischen Gesetzen

[1] Auf den etwaigen Zusammenhang der Scene nach der Schlacht mit der Geierstele und die etwaigen Folgerungen, die man hieraus zu ziehen geneigt sein könnte, will ich an dieser Stelle nicht näher eingehen.

[2] Wer etwa den Gesichtstypus der Krieger auf den Reliefs *RA* und *Bul.* für unägyptisch halten sollte und deshalb Bedenken trüge, unsere Denkmäler für ägyptisch zu erklären, dem sei bemerkt, dass es einen einheitlichen ägyptischen Typus überhaupt nicht giebt. Man vergleiche nur die groben Gesichtszüge des Londoner Schiffsbaumeisters oder des Amten mit denen einer eleganten Statue der IV. oder V. Dynastie. Wie verschieden sind diese von einander und doch alle ägyptisch! Oder will man etwa die Skulpturen aus der Zeit zwischen altem und mittleren Reiche für nicht ägyptisch erklären, weil die Gesichtszüge der darauf dargestellten Personen ganz „unägyptisch" sind und von denen der offiziellen Kunst stark abweichen?

geschaffen sind, die die ganze spätere ägyptische Kunst beherrschen. Die Kunstwerke dieser Zeit stehen nicht am Anfange der künstlerischen Entwicklung des Volkes, sondern schon auf einer beträchtlichen Höhe, die die Zeit der primitiven Kunst weit überragt. Warum uns die Kunst gerade an diesem Punkte zuerst entgegentritt, ist freilich eine Frage, die noch ihrer Lösung harrt. Dagegen ist eins sicher, dass auch in Ägypten dieser fertigen Kunstthätigkeit eine Periode des Tastens und künstlerischen Versuchens vorhergegangen ist, jene Periode naiver, kindlicher, unbefangener Arbeit, die noch frei ist von den konventionellen Bedingungen, durch die die spätere Zeit eingeengt ist.

Über den Verlauf und die Dauer dieser Zeit können wir uns keine festen Begriffe machen. Kennen wir doch von der primitiven ägyptischen Kunst bis jetzt sehr wenig: die Min-Statuen von Koptos mit ihren schlichten Skulpturen, die Reliefs auf dem Elfenbeingriff (S. 133 Anm.), die Malereien auf den Gefässen, die in den Gräbern von Negâda und an anderen Stellen gefunden worden sind, gehören hierher, falls für die letzteren sich Morgan's Datierung bestätigen sollte. Jedenfalls stimmen diese Werke mit den Vorstellungen, die wir uns von der vorgeschichtlichen Kunst im Nilthale gemacht haben, wohl überein.

Anders freilich unsere neuen Reliefs: ihre Darstellungsweise ist von allem Naiven weit entfernt, voll von Manier und technischer Glätte[1]. Sie sind nicht von einem Manne gemacht, der noch nach den künstlerischen Ausdrucksmitteln sucht, sondern von einem, der die Formensprache schon vollkommen beherrscht. Man sehe nur, wie konventionell die Muskulatur, die Augen, die Haar- und Bartfrisuren gestaltet sind. Vergleicht man unsere Reliefs, am besten *Bul.* mit den ältesten ägyptischen Reliefs, etwa denen des Amten-Grabes, so steht hier eine Manier der anderen und nicht etwa, wie man erwarten sollte, Schlichtes dem Konventionellen, Werdendes dem Gewordenen gegenüber. Auch die Neigung zum Symbolisieren, die uns in der Darstellung der Götter oder Örtlichkeiten durch die Figuren mit den Hacken (auf *K 444*) und in den in Hände endigenden Götterstandarten (auf *Bul.*) entgegentritt, würde man nur schwer als Eigenschaft einer anfangenden Kunst anerkennen.

Angesichts dieser Bedenken gilt es nun zu entscheiden: entweder haben uns die Beobachtungen, die wir aus den Einzelheiten der Dar-

[1] Diese erklärt sich freilich auch durch das weiche Material, das viel leichter zu behandeln ist als Kalkstein oder Granit.

stellungen gewonnen und die uns in eine uralte, vorgeschichtliche Zeit geführt haben, getäuscht — oder die landläufigen Anschauungen von der vorgeschichtlichen Kunst der Ägypter sind falsch. Und hier möchte ich wohl das letztere annehmen. Wie auf griechischem Boden der hellenischen Kunst schon eine blühende vorhellenische vorausgegangen ist, wie an den Ufern des Euphrat im dritten und vierten vorchristlichen Jahrtausend schon eine Kunst geblüht hat, deren Stil dem der späteren babylonisch-assyrischen Kunst in vieler Hinsicht weit überlegen war, so ist es nicht unmöglich, dass auch im Nilthale vor der uns bekannten ägyptischen Kunst schon eine ältere, in ihrer Art vollkommene zur Entwickelung gelangt ist, die stilistisch von jener in manchen Punkten abwich. Wie in Griechenland die mykenische, in Babylonien die archaische von Tello, so ist auch sie irgendwie unterbrochen worden und hat einer anderen Kunstrichtung weichen müssen, die sich in der historischen Zeit fortgesetzt hat. Dass uns bisher von dieser vorhistorischen Kunst noch nichts bekannt geworden, darf Niemanden Wunder nehmen[1]. Wer hätte wohl vor 25 Jahren von der grossen mykenischen Kunst oder der babylonischen von Tello etwas geahnt? wer hätte zu behaupten gewagt, dass vor den Ägineten schon Werke wie die Goldbecher von Vaphio, vor der Statue des Assurnasirpal schon Statuen wie die Gudea's geschaffen worden sind?

So glaube ich auch, dass, wenn man sich einmal von den ziemlich klar zu Tage tretenden „uralten“ Eigentümlichkeiten unserer Reliefs in eine vorgeschichtliche Zeit führen lässt, man sich nicht wundern darf, hier gewissen neuen Erscheinungen zu begegnen, von denen man sich früher nichts träumen liess. Der Weg von unseren Reliefs mit ihren Darstellungen und Schriftzeichen zu den Reliefs des Amten-Grabs und seinen Hieroglyphen ist kein gerader, aber doch auch kein verschlungenerer, als der, welcher von der „mykenischen“ zur hellenischen Kunst leitet. Wie viel Zeit dieser Weg in Anspruch genommen hat, lässt sich natürlich schwer sagen; doch brauchen dafür nach andern Parallelen nicht lange Jahrhunderte in Ansatz gebracht

---

[1] Die in der ägyptischen Altertumskunde schon oft beobachtete Thatsache, dass neuen, zuerst einzig dastehenden Funden schnell andere der gleichen Art folgen, scheint sich auch jetzt wieder zu bestätigen. Der Auffindung der vorgeschichtlichen Min-Statuen in Koptos ist die Entdeckung der umfangreichen Totenstadt bei Negâda, die vielleicht auch in die Urzeit reicht, gefolgt, und jetzt lassen die Grabungen in Abydos sicherem Vernehmen nach neue Funde aus der Periode vor der III. Dynastie ans Licht treten. Hoffentlich tragen sie dazu bei, die ägyptische Kunstentwicklung vor dem alten Reiche weiter zu erhellen.

zu werden; vielmehr kann sich eine derartige künstlerische Entwicklung in sehr kurzer Zeit, vielleicht sogar in einem Jahrhundert vollziehen.

Zum Schlusse möchte ich die Ergebnisse dieser Untersuchung und die darangeknüpften Vermutungen nochmals kurz zusammenfassen: Die hier behandelten Reliefs sind ägyptisch und gehören einer vorgeschichtlichen Periode an; sie sind die ersten Vertreter einer bisher noch nicht bekannten Kunstgattung; diese hat einen eigenen, fest ausgeprägten Stil, der aus uns unbekannten Gründen nicht weiter zur Entwicklung gelangt ist. Er ist vielmehr einem einfachen, primitiveren gewichen, der z. B. in den Reliefs auf den Min-Statuen von Koptos vorliegt. Aus ihm hat sich denn der bekannte Stil der höfischen ägyptischen Kunst, zuerst der noch unbeholfene der III. Dynastie, und weiter der elegante, glatte der IV. und V. Dynastie entwickelt.

Zur ägyptisch-hellenistischen Litteratur.

Von

Ulrich Wilcken.

Wenn es zu den Aufgaben des Historikers gehört, die Volksindividualitäten zu erkennen und darzulegen, so ist eines der interessantesten Probleme für ihn die Beobachtung der Grenzzonen, auf denen verschiedenartige Kulturen stammfremder Völker auf einander stossen. Wer ist da der Stärkere? Wer giebt? Wer empfängt? Oder durchdringen sie sich gegenseitig? und in welchem Verhältnis? Unser hochverehrter Sexagenarius hat von jeher, wie mir scheinen will, mit besonderer Freude solche Kulturkämpfe und Kulturwanderungen verfolgt, wie er noch jüngst in seinen Untersuchungen über die Salernitaner altägyptisches Gut in der scholastischen Welt des Abendlandes aufgedeckt hat. Es ist daher vielleicht nicht unpassend, wenn ich hier ein paar neue Materialien vorlege, die, abgesehen von ihrem besonderen Wert nach anderen Richtungen hin, auch für die Frage, in welchem Verhältnis die ägyptische und die griechische Litteratur in hellenistischer Zeit zu einander gestanden haben, nicht ohne Interesse sind.

I.

Der Text, den ich im Folgenden zum ersten Mal bekannt gebe, steht auf einem Kalksteinostrakon aus Deir el-Bahri, das vor kurzem in den Besitz des Egypt Exploration Fund gekommen ist. Die Kenntnis dieses merkwürdigen Textes verdanke ich W. E. Crum, der mir zugleich eine Durchzeichnung einzelner Worte freundlichst zusandte. Als ich daraufhin den Wunsch hegte, den Text an dieser Stelle zu publicieren, hat K. F. Kenyon in bewährter Liebenswürdigkeit mir die Erlaubnis dazu vom Egypt Exploration Fund erwirkt. Gleichzeitig schickte auch er mir eine Lesung des Textes, die mit der von Crum in allem Wesentlichen übereinstimmt, sowie eine sorgfältig ausgeführte Copie. Den

Herren des Egypt Exploration Fund, die so freundlich auf meine Bitte eingingen, sowie Crum und Kenyon, auf deren Mitteilungen die folgende Edition basiert, spreche ich hiermit meinen herzlichsten Dank aus.

Der Text, der in einer vulgären Unciale geschrieben ist, ist aus paläographischen Gründen sicher dem III. Jahrhundert vor Chr. zuzuschreiben. Die trennenden Striche zwischen den Sprüchen sowie die Paragraphos am linken Rande (unter Linien, in denen ein Spruch endigt) sind nach dem Original gegeben; dagegen sind Accente, Spiritus und moderne Interpunktion von mir hinzugefügt. Die Ergänzungen stammen von mir. Der Text lautet (nach Crum und Kenyon) folgendermassen:

Ἀμενώτου ὑποθῆκαι.

Φρόνησιν ἄσκει μετὰ δικαιο-
σύνης. — Ὁμοίως θεοὺς σέβου [καὶ]
γονέας. — Βουλεύου μὲν χρόν[ωι],
συντέλει δ' ὅ τι ἂν πράττ[ῃς τα]-
χέως. — Χρησίμους η. [. . . . . . .]
σοφούς, ἀλλὰ τοὺς. [. . . . .]
δίκαιον ὁρᾶις τọ [. . . . .]
ὑπολάμβανε βạ. [. . . . .]
φọν, κάλλιον δὲ [. . . . .]
τῶν ἀναθεμάτ̣[ων . . . .]
νόμιζε τὴν ἀρετ̣[ὴν . . . .]
ἀνθρώπους. — Μὴ̣ [. . . . .]
ἀλλὰ τὰ χρησιμ [. . . . .]
ἀρετὴν ἀσκε [. . . . .]
ἐστιν. — Ε̣ [. . . . .]
ἐν ταῖ̣[ς . . . .]
[.] α̣κε [. . . . .]

Hier bricht das Ostrakon ab[1].

So verstümmelt auch das Fragment ist, kann doch über seinen Charakter kein Zweifel bestehen: es ist der Anfang einer Sammlung von Weisheitssprüchen, die den Titel führt: „Ἀμενώτου ὑποθῆκαι" d. h. „Unterweisungen des Amenotes". Ὑποθήκη in diesem Sinne ist ein altertümliches attisches Wort, das uns schon von Solon und Theognis her bekannt ist. Welche Überraschung, einen Ägypter Amenhotep hier als Verfasser solcher ὑποθῆκαι kennen zu lernen!

[1] 6 Schluss nach η entweder γ oder τ. — 7 Schluss μ oder ν. — 9 Schluss vielleicht β̣ατ? — 13 von η die erste Hasta erhalten.

Wer mag dieser Amenḥotep sein? Die Ägyptologie kennt nur éinen Weisen dieses Namens, der durch seine Weisheitssprüche bekannt war, jenen Amenḥotep, den Sohn des Ḥapu, den Zeitgenossen des Königs Amenophis III, über den Kurt Sethe in dieser Festschrift von Neuem gehandelt hat. Bedenken wir, dass unser Ostrakon aus Deir el-Bahri stammt, also aus derselben Gegend, in der jener Sohn des Ḥapu verehrt wurde, so ist es wohl mehr als wahrscheinlich, dass er der Amenotes der Überschrift ist. Mein erster Gedanke war daher, dass die vorliegenden Gnomen nichts anderes seien als griechische Übersetzungen jener berühmten Sprüche dieses weisen Amenḥotep, von denen es in einer Inschrift der Ptolemäerzeit heisst, dass sie „nicht vergehen" werden, und wenn auch derartige Gnomen bisher nicht von ihm überliefert sind, so wäre doch nichts natürlicher, als dass auch er wie einst der weise Ptaḥḥotep u. A. solche „Unterweisungen" ( Pap. Prisse) verfasst hätte. Eine genauere Prüfung führte mich aber zu einem anderen, vielleicht noch pikanteren Resultat: einige der Sprüche finden sich, wenn auch nicht in genau derselben, so doch in ähnlicher Fassung in der gnomischen Litteratur der Griechen, im Besonderen in den sogenannten „Sprüchen der sieben Weisen" wieder![1] Folgende Parallelen gelang es mir bis jetzt nachzuweisen:

1) Φρόνησιν ἄσκει μετὰ δικαιοσύνης: Ostr. Φρόνησιν ἄσκει: Sosiad. S. 125. Vgl. auch φρόνησιν ἀγάπα (Bias): Demet. S. 122. Der Zusatz μετὰ δικαιοσύνης findet sich nur in unserer Sammlung.

2) Ὁμοίως θεοὺς σέβου [καὶ] γονέας: Ostr. Θεοὺς σέβου, γονεῖς αἰδοῦ: Sosiad. S. 125. Θεὸν σέβεσθαι, γονέας αἰδεῖσθαι: Boiss. S. 135. Vgl. Boiss. S. 82. Auch hier bietet unser Ostrakon etwas Originelles: während die Anderen für die Verehrung der Eltern eine besondere Nuance des Gefühls, das αἰδεῖσθαι, statt des σέβεσθαι verlangen, fordert unser Text ausdrücklich das σέβεσθαι „in gleicher Weise" für Götter und Eltern[2].

3) Βουλεύου μὲν χρόν[ῳ], συντέλει δ' ὅ τι ἂν πράττ[ῃς τα]χέως:

[1] Diese Sprüche der 7 Weisen liegen uns in sehr verschiedenen Redactionen vor. Vgl. die Übersicht bei F. Schultz, Philologus 24. 1866 S. 218 ff. Vgl. auch Brunco, de dictis VII sapientium a Demetrio Phalereo collectis. Erlang. 1883. Stanjek, quaestionum de sententiarum VII sapientium collectionibus pars I. Bresl. 1891. — Oben bedeutet: Demet. = Δημητρίου Φαληρέως τῶν ἑπτὰ σοφῶν ἀποφθέγματα in Stobaei anthol. III ed. Hense (1894) S. 111 ff.; Sosiad. = Σωσιάδου τῶν ἑπτὰ σοφῶν ὑποθῆκαι(!) ebenda S. 125 ff.; Boiss. = Boissonade, Ἀνέκδοτα I, Paris 1829.

[2] Das ὁμοίως kann nicht etwa auf den vorhergehenden Spruch bezogen werden. Die Ergänzung [αἰδοῦ] statt [καὶ] ist nicht nur wegen des Raummangels abzuweisen.

Ostr. Βουλεύου χρόνῳ, πρᾶττε συντόμως: Sosiad. S. 127. Vgl. auch βραδέως ἐγχείρει, ὃ δ' ἂν ἄρξῃ, διαβεβαιοῦ (Bias): Demet. S. 122, (vgl. Boiss. S. 140). Als Spruch des Äsop, (besser des Isocrates) kehrt der Gedanke bei Boiss. S. 17 wieder: Βουλεύου μὲν βραδέως, ἐπιτέλει δὲ ταχέως τὰ δόξαντα.

Für die folgenden, leider nur verstümmelt erhaltenen Sprüche habe ich bisher keine Parallelen finden können. Auch kann ich zur Zeit keine sicheren Ergänzungen vorschlagen. Der 5. Spruch könnte etwa „εἰ δίκαιον ὁρᾷς" beginnen: „wenn Du einen Gerechten siehst" u. s. w. Im 7. Spruch (Z. 11—13) könnte der Gedanke enthalten sein, dass mehr als Weihgeschenke (τῶν ἀναθεμάτων) die Tugend dem Menschen frommt. Der 9. Spruch (Z. 14—16) dürfte etwa folgendermassen lauten: [Τοῦ τὴν] ἀρετὴν ἀσκε[ῖν οὐδὲν κάλλιόν] ἐστιν.

Ziehen wir die Summe. Die ersten drei Sprüche liessen sich in ähnlicher Form in den Spruchsammlungen, die unter dem Namen der sieben Weisen gehen, wiederfinden; doch bot unser Text immer eine originelle Fassung. Für die weiteren Sprüche dagegen fanden sich keine Parallelen. Man könnte nun sagen, dass diese letzteren vielleicht doch Übersetzungen von Sprüchen des weisen Amenḥotep seien, dass wir also eine Mischung von griechischem und ägyptischem Gut vor uns hätten. Die Sprüche bewegen sich aber alle in einem so gleichartigen Gedankenkreise, dass ich, wiewohl jene Möglichkeit schwer zu widerlegen ist, doch die Auffassung vorziehen möchte, dass sie alle demselben Boden entsprossen sind, dass wir also eine rein griechische Gnomensammlung vor uns haben. Es ist hier nicht der Ort, genauer auf die Frage einzugehen, wie die in dem Ostrakon vertretene Spruchsammlung sich zu den uns sonst überlieferten verhält. Nur auf zwei Punkte möchte ich hinweisen. Unser Ostrakon, das dem III. Jahrh. vor Chr. angehört, stellt die bei weitem älteste handschriftliche Überlieferung solcher Gnomen dar. Und ferner: das Fragment von Deir el-Bahri entstammt offenbar einer allgemeinen gnomologischen Sammlung, in der sich noch neben den Sprüchen der sieben Weisen auch Sprüche anderer weiser Griechen fanden.

Wie hiernach die Überschrift Ἀμενώτου ὑποθῆκαι zu erklären ist, kann nicht zweifelhaft sein: wir haben ein Pseudepigraphon vor uns. Die griechischen Gnomen sind untergeschoben einem ägyptischen Weisen, wahrscheinlich jenem Sohn des Ḥapu, der dort, wo das Ostrakon gefunden wurde, halbgöttliches Ansehen genoss. Es ist dies freilich nicht das erste Beispiel dafür, dass gelegentlich griechisches Gut unter altägyptischer Flagge segelte — ich erinnere nur an die weitschichtige astrologische Litteratur, die in späterer Zeit unter dem Namen des Petosiris und Nechepso gegangen ist, und doch in ihrem Kern griechischen Ursprungs ist[1]. Was unserem kleinen Funde aber eine gewisse Bedeutung giebt, ist, dass diese Unterschiebung griechischer Sprüche sicher schon im III. Jahrh. vor Chr. vorgenommen ist. Wohl nicht viel später als Demetrios von Phaleron, der gelehrte Freund des ersten Ptolemaios, die Sprüche der sieben Weisen sammelte und in der für die Folgezeit massgebend gewordenen Verteilung an die einzelnen Weisen herausgab, hat ein griechischer Mann[2] im fernen oberägyptischen Theben dem spruchberühmten[3] Ortsheiligen seiner neuen Heimat die Sprüche aus der alten Heimat untergeschoben. Wie stark muss dieser Mann bereits entnationalisirt gewesen sein! Wir blicken hier in so enge Berührungen der griechischen und ägyptischen Kultur hinein, wie wir sie für das Theben des III. Jahrhunderts vor Ch. anzunehmen bisher nicht gewagt haben würden.

II.

Im folgenden möchte ich mir erlauben, auf ein paar rätselhafte Papyrusfragmente hinzuweisen, die vor einigen Jahren von K. Wessely in den Denkschriften der Wiener Akademie (42. 1893 „Neue griech. Zauberpapyrus" S. 3f.) herausgegeben worden sind. Sie gehören teils dem Erzherzog Rainer (R), teils Herrn Theod. Graf (G). Die ersteren sind nach Wessely's Schätzung im III. Jahrh. nach Chr., die letzteren im II. Jahrh. nach Chr. geschrieben, beide gehören aber, wie der Editor richtig erkannt hat, derselben Schrift an. Da Wessely, der sich im Wesentlichen auf die Edition beschränkte, das Rätsel nicht gelöst hat[4], und auch von anderer Seite meines Wissens nichts zur Erklärung beigetragen worden ist, so ist es wohl an der Zeit, dass der in diesen Fragmenten verborgene Schatz — und es ist wirklich ein Schatz! — endlich gehoben werde. Leider habe ich keinen Platz, den Text im Wortlaut mitzuteilen. Noch mehr bedaure ich, dass ich keine Gelegenheit hatte, die Edition am Original zu prüfen.

[1] Vgl. E. Riess, Philolog. Suppl. VI 1891. S. 327ff.

[2] Diese Annahme ist der anderen, dass ein Ägypter es gethan, jedenfalls vorzuziehen.

[3] Da die Inschrift, die die Unvergänglichkeit der Sprüche des A. feiert, dem II. Jahrh. v. Chr. angehört, könnte man vermuten, dass erst die vorliegende Fälschung ihm diesen Ruhm eingebracht habe. Es ist mir aber viel wahrscheinlicher, dass eben die Thatsache, dass er wegen seiner Sprüche berühmt war, diese Unterschiebung veranlasst hat.

[4] Die Vergleichung mit den sibyllinischen Orakeln giebt keinen Schlüssel für das Verständnis des vorliegenden Textes.

Gehen wir von der Subscription aus (R II 21ff.): Ἀπ[ο]λογία κεραμέως μεθηρμενευμένη πρ[ὸς] Ἀμενῶπιν βασιλέα κατὰ τὸ [δ]υνατὸν περὶ τῶν τῇ Αἰγύπτῳ μελλόντων. Es ist klar, dass der Schreiber oder einer seiner Vorgänger hier Verwirrung angerichtet hat. Folgende Wortstellung dürfte die ursprüngliche sein: Ἀπολογία κεραμέως πρὸς Ἀμενῶπιν βασιλέα περὶ τῶν τῇ Αἰγύπτῳ μελλόντων, μεθηρμ⟨η⟩νευμένη κατὰ τὸ δυνατόν, d. h. „die Selbstverteidigung des Töpfers gegenüber dem König Amenopis, betreffend die Zukunft Ägyptens — übersetzt (nämlich ins Griechische) so gut es ging“.[1] Nach dem Titel der Schrift haben wir es also mit der griechischen Übersetzung eines ägyptischen Originals zu thun. Dass diese Angabe richtig ist, wird, denke ich, das Weitere zeigen.

Die Erzählung selbst möchte ich mir aus den leider nur dürftigen Fragmenten etwa folgendermassen reconstruieren. Den Anfang scheint G III zu machen. In den ersten 6 Zeilen ist — vielleicht — von der glücklichen Regierung des Königs (Amenopis) die Rede. Zu jener Zeit nun ([κατ' ἐκ]εῖνον τὸν κ⟨αι⟩ρὸν) lebte ein Töpfermeister, vermutlich gar tüchtig in seiner Kunst (Z. 8 τέχνην κεραμικήν). Der wurde verleumdet, dass er die Götter verachte (Z. 9 [ὑ]περφρονεῖν τὸ θ⟨ε⟩ῖον) und ein Gottloser und Gesetzesverächter sei (G II ἀθέ[μιστον Wess. oder ἄθε[ον? . . . καὶ] παράνομον βλασφημ . . vgl. R I 2). Wie es scheint, drang man in seine Werkstatt, um ihn fortzuführen (G III 13 κατελθόντες καὶ σπασάμεν[οι). Er aber geriet in Exstase und ward des Gottes voll (15 ἐκτὸς] τῶν φρενῶν καὶ θεοφόρου). Nun ward er vor den König Amenopis geführt, der mit Staunen von diesem Wunder gehört hatte (G II und G I 1). Wahrscheinlich hat der König darauf verlangt, dass er, um jene Verdächtigung zu zerstreuen, ihm die Zukunft Ägyptens weissage und so sein besonders nahes Verhältnis zu den Göttern documentiere[2]. Nachdem nun ein Hierogrammat herbeigeholt war, der die Weissagung des Töpfers aufschreiben sollte (G I), hielt der Angeschuldigte eine Apologie vor dem König, indem er ihm weissagte, wie nach einer Zeit der Erniedrigung ein glückseliges Zeitalter unter einem neuen König beginnen werde (R I und II). Mitten im Satz bricht er plötzlich ab (R II 16ff): „Nachdem er bis hierhin gesprochen hatte, sank er tot um[3]. Den König Amen-

[1] Vgl. Pap. Lond. III 1 (Kenyon. Catal. S. 46)]: Ἀντίγραφ[ον συ]νγραφῆς Αἰγυπτίας μεθηρμηνε[υ]μένης κατὰ δύν[αμιν]. Pap. Leid. P 1: [Ἀντίγραφον συνγραφῆς με]θηρμηνευμέν[ης ἑλληνισ]τὶ κατὰ τὸ δυ[ν]ατόν.

[2] Bis hierhin steht die Reconstruction auf zerbrechlichen Beinen.

[3] Zu der Bedeutung von διαφωνεῖν = sterben vgl. Petr. Pap. (II) XIII 3, 4 (III Jahrh. v. Chr.).

opis aber ergriff ein tiefes Herzeleid ob seines Hinganges, und er balsamirte den Töpfer und bestattete ihn in Heliopolis. Das Buch aber (βίβλος, d. h. die Niederschrift seiner Rede) legte er ἐν ἱλαιοις(?) ταμείοις[1] nieder und dort zeigte er es gern allen Menschen". So schliesst wörtlich die Erzählung. Darauf folgt die oben erklärte Subscription.

Dass wir hier wirklich ein ägyptisches Märchen vor uns haben, unterliegt wohl keinem Zweifel. Wiewohl es unter den obigen Gesichtspunkten interessant genug ist, eine griechische Übersetzung hiervon noch im II. und III. Jahrhundert nach Chr. in mehreren Handschriften verbreitet zu sehen, ist doch der Inhalt der Erzählung selbst geeignet, unser Interesse in noch viel höherem Masse in Anspruch zu nehmen. Wenn ich mich nicht täusche, steht sie nämlich zu dem viel behandelten manethonischen Bericht[2] über den Auszug der Unreinen (Josephus c. Apion. I 26 § 227 ff) in den engsten Beziehungen. Nach Manetho wandte sich der König Amenophis, der die Götter (d. h. die Zukunft) zu sehen wünschte, an den weisen Seher Amenophis den Sohn des Paapis, der, wie Erman (ÄZ 1877, S. 147) erkannt hat, kein Anderer ist als der oben von uns behandelte Ortsheilige von Deir el-Bahri. Wiewohl die Einkleidung der Fabel bei Manetho in vielen Punkten eine andere ist, spielt doch dieser weise Amenophis dort im Grunde dieselbe Rolle wie in unserem Papyrus der Töpfer. Beide sind des Gottes voll, und wie der Töpfer, wenn unsere Deutung richtig ist, zu einem θεοφόρος wird, so heisst es vom Amenophis: θείας δοκοῦντι μετεσχηκέναι (nicht μετέχειν!) φύσεως κατά τε σοφίαν καὶ πρόγνωσιν τῶν ἐσομένων. Auch der Amenophis weissagt dem König — und zwar demselben König! — die Zukunft Ägyptens und erleidet unmittelbar danach den Tod. Da er nämlich aus Furcht vor den Göttern seine Weissagung dem Könige nicht zu sagen wagt, schreibt er sie auf, hinterlässt dem König die Schrift (γραφή) und tötet sich dann selbst. Unser Töpfer sagt zwar dem König die Weissagung in's Gesicht, aber sie verbleibt dem König gleichfalls in Form einer Schrift (βίβλος). Darauf stirbt der Töpfer unmittelbar nach der Weissagung wie jener Amenophis — wenn auch in anderer Weise. Auch der erschütternde Eindruck, den der Tod des Sehers auf den König macht, wird bei Manetho wie im Papyrus hervorgehoben: ἐν ἀθυμίᾳ δὲ εἶναι τὸν βασιλέα

[1] Vielleicht ἐν ἡλιακοῖς ταμείοις? Im Schatzhause des Helios (Rē)?

[2] Ed. Meyer's Worte (Gesch. Äg. S. 276, 2) „die Geschichte könnte direct aus einem hieratischen Papyrus des Neuen Reichs übersetzt sein" gewinnen durch obige Untersuchung noch an Wahrscheinlichkeit.

Manetho; ὁ δὲ βασιλεὺς A. οὐκ ὀλίγαις συμφοραῖς ἐπαχθεὶς ἐφ' οἷς ἀπηνέχθη (s. oben).

Da der Rahmen der Erzählung trotz gewisser Divergenzen im Einzelnen bei Manetho und im Papyrus im Grunde derselbe ist, liegt die Vermutung nahe, dass auch die Weissagungen sich auf dieselben historischen Ereignisse beziehen. Die Beantwortung dieser Frage wird dadurch erschwert, dass der erste Teil der Weissagung des Papyrus nur in geringen Fetzen vorliegt. Auch bedarf die Lesung des Textes offenbar einer Revision. So sollen z. B. nach Wessely's Lesung die Hellenen innerhalb des Orakels erwähnt werden (R I 26), die doch in die Zeit des Amenophis III nicht hineinpassen würden. Ich denke, statt περὶ Ἑλλήνων wird etwa ein περιελαύνων zu lesen resp. zu emendieren sein. Ich hebe nun im Folgenden solche Punkte hervor, die für die Identität der beiden Weissagungen sprechen könnten.

Nach Manetho[1] wird zunächst Ägypten in die Gewalt der Unreinen oder Aussätzigen kommen. Im Papyrus spielen οἱ ζωνοφόροι, die Gürtelträger (ein bisher unbekanntes Wort) diese Rolle. In R I 19 scheinen sie mit den ἀνόσιοι, den Unheiligen, Gottlosen, gemeint zu sein, und in R II 14 werden sie als „Τυφώνιοι" bezeichnet. Ich bemerke, dass auch die „Gürtelträger" ebenso wie die manethonischen „Unreinen" offenbar nicht Ausländer sind. — Bei Manetho verbünden sich die Unreinen mit den Hyksos von Jerusalem. Auch im Papyrus scheint Zuzug aus Syrien zu kommen (R I 17): μ]εθέξει δὲ ἐκ Συρίας ὁ . . . — Darauf wird Ägypten nach Manetho arg verwüstet, namentlich die Tempel werden geschändet. Im Papyrus kann das ἐρημ<ω>θήσεται (R I 20) darauf bezogen werden, auch ebenda Z. 34 „διὰ τὰς ἀνομίας ἃς ἐποιήσαντο τῇ Αἰγύπτῳ", womit Joseph. c. Ap. § 264 „ὅλως τε μηδεμιᾶς ἀπέχεσθαι παρανομίας" zu vergleichen ist. Vgl. auch R II 1, wo von der Rückkehr der Heiligtümer die Rede ist. — Bei Manetho flüchtet sich darauf der König mitsamt dem Heere und der Masse der Ägypter (πλήθει τῶν Αἰγυπτίων) zu den Äthiopen. Auch im Pap. ist in R I 22 von den Äthiopen die Rede, und in Z. 23 könnte man ergänzen: καὶ πολλ]οὶ τῶν τὴν Αἴγυπτον κατοικούντων καταλεί[ψουσι κτλ. — Bei Manetho ist ein bestimmter Zeitraum für die Feindesherrschaft geweissagt (13 Jahre). Im Pap. könnte Z. 26 ἡ ἑπτέτης (7jährig) gleichfalls eine solche Periode oder einen Teil derselben bezeichnen. — Über den manethonischen Bericht von der Vertreibung der Feinde referiert Josephus leider mit wenigen Worten. Ich hebe

[1] Die Weissagung ist hier zu reconstruieren nach dem, was Josephus nachher als Geschehnis erzählt.

nur hervor, dass der Sohn des Königs A., Σεθῶς ὁ καὶ Ῥαμεσσῆς (vgl. § 245 u. 251), eine hervorragende Rolle dabei spielt. Was der Pap. von der Vertreibung der Feinde erzählt, wage ich nicht zu reconstruieren. Doch scheint es, dass die Naturmächte (der Nil) dabei thätig sind[1]. Dagegen ist die Schilderung des glückseligen Lebens, das nachher beginnen wird, gut erhalten. Die Stadt der Gürtelträger wird verödet sein, die Götterbilder[2], die fortgebracht waren, werden zurückkehren, die „Stadt am Meere" (?Pelusion?) wird zum Fischerdorf herabsinken, denn Agathodaemon und Knephis sind nach der Stadt Memphis gewandert, die man nun wegen ihrer überreichen Bevölkerung mit der „allernährenden Isis" vergleicht, und Ägypten wird jubeln, wenn der, der 55 Jahre hindurch wohlwollend (εὐμενής) sein wird, der da vom Rē stammt[3], kommen und als König, als Geber des Guten, von der grossen Isis eingesetzt werden wird. Dann werden die Überlebenden wünschen, dass die Verstorbenen wieder aufstünden, um teilzunehmen an dem Guten. Darauf heisst es: ἐπὶ πελει (Wess., wohl τέλει?) δὲ τούτων φυλλορροήσει καὶ ὁ λειφθεὶς ὕδατ<ι> Νεῖ[λος] πληρωθήσεται καὶ ὁ μετημφιεσμένος ἀσύμφωνος χειμὼν ἰδίῳ δραμεῖται κύκλῳ καὶ τότε τὸ θέρος ἴδιον λήμψεται ἀμεταπ[...] δρόμον, εὔτακτοι δὲ ἀνέμο(υ) πνοιαὶ ἔσονται παναπόνως ἐλαττούμενοι (sic). ἐν γὰρ τῷ τῶν Τυφωνίων ὁ Ἥλιος <ὃς> ἠμαυρώθη ἐκλάμψει δίκην τῶν κακῶν δείξας κτλ. In dieser poetischen Schilderung der glücklichen Zukunft wird auf einen König hingewiesen, dem 55 Jahre zugeschrieben werden. Wer mag das sein? Sollte nicht jener Sohn Sethos damit gemeint sein, der nach Manetho (mehr noch nach Chaeremon, ebend. § 292) ein Hauptverdienst an der Vertreibung hatte, nach dem eusebischen Manetho aber thatsächlich 55 Jahre regiert haben soll? Die darauf folgenden dunklen Seherworte, die oben abgedruckt sind, haben mich lange vexiert, bis es mir plötzlich wie Schuppen von den Augen fiel, dass sie nichts anderes als einen Hinweis auf den Beginn einer neuen Sothisperiode enthalten! Denn wenn der Winter, der sich vorher abwechselnd bald so bald so gekleidet hatte (μετημφιεσμένος), sodass er (mit dem natürlichen Winter) nicht übereinstimmte (ἀσύμφωνος), nunmehr wieder die ihm ursprünglich eigentümliche Periode (ἰδίῳ κύκλῳ) durchlaufen wird, was soll das weiter bedeuten, als dass das Wandeljahr nun wieder mit dem natürlichen Sonnenjahre zusammen-

[1] R I 28: καὶ ἐπανιὼν κατακλύσει πᾶσαν τὴν Αἴγυ[πτον].

[2] So Wessely R II 1 [καὶ τὰ ἀγάλματ]α. Denkbar wäre auch [καὶ τὰ ἱερὰ ζῷ]α τὰ ἐκεῖ μετενεχθέντα. Vgl. Jos. c. Ap. § 248: τὰ ἄλλα τὰ ἐκεῖσε μεταπεμφθέντα ἱερὰ ζῷα.

[3] ἀπὸ Ἡλίου. Man denkt unwillkürlich an den Pap. Westcar.

fallen wird? Das bedeutet aber den Anfang einer neuen Sothisperiode, und in diesem Zusammenhange kann natürlich nur an die durch Censorinus für das J. 1322 vor Chr. bezeugte Epoche gedacht werden. Es geht aus dem Papyrus nicht ganz sicher hervor, ob diese Epoche unter dem 55 Jahre regierenden König oder später eintreten soll, denn es heisst ἐπὶ τέλει δὲ τούτων, wie wir vermuteten. Aber der ganze Zusammenhang spricht allerdings für die erstere Annahme. Dann würde also das Jahr 1322 v. Chr. in die Regierung jenes Königs mit den 55 Jahren fallen, und wenn wir, wie oben, den Sethos, mit dem Manetho die XIX Dynastie beginnt, in ihm erkennen, so kommen wir zu demselben Resultat, zu dem August Boeckh auf anderen Wegen gelangt war.

Wiewohl ich die vorstehende Deutung der Wiener Fragmente unter den obwaltenden Verhältnissen natürlich nur mit allem Vorbehalt geben kann, möchte ich es doch schon jetzt für recht wahrscheinlich halten, dass sie nur eine neue Variante zu den uns schon bekannten Parallelberichten des Manetho, Chaeremon und Lysimachos (vgl. Jos. c. Ap.) über den Auszug der Unreinen bringen. Ein ungemein wichtiges Moment scheidet aber den neuen Bericht von den drei alten, wie sie uns heute vorliegen: der Papyrus kennt, wie es wenigstens scheint, noch nicht die Gleichsetzung der Unreinen (resp. der Gürtelträger) mit den Juden! Wir haben hier also eine ältere, reinere Form der ägyptischen Sage vor uns! Und noch eines ist zu betonen: die Feinde, die Gürtelträger, erscheinen, soweit die Fragmente reichen, nicht als Aussätzige, sondern nur als Gottlose, (ἀνόσιοι), die die ägyptischen Götter bekämpfen! Auch darin möchte ich eine ältere Form der Sage erkennen und sehe hierin eine nicht unwichtige Stütze für Eduard Meyers Hypothese, dass die manethonischen „Unreinen" niemand anderes seien als die Anhänger der ketzerischen Lehre des Amenḥotep IV. Doch ehe wir weitere Consequenzen ziehen, möge die Lesung des Textes und danach meine Interpretation von neuem geprüft werden. Sollte letztere sich im Wesentlichen bestätigen, so würde nach vielen Seiten hin von diesen unscheinbaren Papyrusfetzen ein neues Licht ausgehen. Zum Schluss sei nur noch darauf hingewiesen, dass auch das pseudo-manethonische „Sothisbuch" uns in einer neuen Beleuchtung erscheint. Der Verfasser, der sich hinter dem Namen Manetho's versteckt, hat unsere Märchen, möchte ich glauben, gut gekannt. Er selbst schreibt sich die Rolle zu, die der Töpfer und der weise Amenophis in jenen spielen: er will vom König Philadelphos über die Zukunft befragt worden sein (περὶ τῶν μελλόντων τῷ κόσμῳ γίγνεσθαι, Frg. hist. Gr. II S. 512). Seine Antwort ist die dem König gewidmete βίβλος Σώθεως. Sollte das nicht mehr als ein Zufall sein, dass auch in der Weissagung des Töpfers — und ebenso gewiss auch in der des Amenophis[1] — auf die Sothisperiode hingewiesen wird? Nach Analogie unseres Märchens möchte ich die Vermutung wagen, dass das sogenannte Sothisbuch, das bekanntlich etwa zu der Zeit geschrieben ist, aus der die Wiener Fragmente stammen (II/III Jahrh. n. Chr.), eine Weissagung über die Zukunft (von Philadelphos an) enthalten hat, die mit dem Hinweis auf die neue Sothisperiode vom Jahre 139 n. Chr. ihren Abschluss gefunden haben mag.

[1] Diese Möglichkeit ist jedenfalls offen zu lassen. Josephus hat über diesen Teil der Weissagung nicht referiert.

Druck von W. Drugulin in Leipzig.